KB125416

**응원하는
마음**

응원하는 마음

사람을 움직이는
리더의 태도

서은아 지음

웅진 지식하우스

우리의 모든 순간을 응원해

추천의 말

올리부의 동료이자 친구로서 많은 응원을 받았던 나는 그녀가 가진 응원의 힘을 잘 알고 있다. 내가 슬픔과 좌절에 빠져 있을 때 그녀의 진심 어린 응원은 나를 일으켜주는 등불이었다. 이 책은 우리에게 누군가를 응원할 용기를 심어주고, 그 응원의 마음을 주위에 전달할 수 있게 하는 마법 같은 책이다.

— 전제민 / 전 마이크로소프트 팀 리드

글로벌 조직에서 저자가 보여주는 리더십은 단순한 응원을 넘어서 사람들의 내적 동기부여와 외적 지지를 동시에 이끌어낸다. 어제보다 조금 더 나은 사람이 되겠다는 다짐, 그리고 모든 사람을 열렬히 응원하는 그 마음이 어떻게 우리 모두의 일과 삶에서 긍정적인 변화와 성장을 만들어내는지를 담아낸 책이다. 이 책을 통해 독자들도 따뜻하고 영향력 있는 리더가 되는 변화를 경험할 수 있을 것이다.

— 최세정 / 애플

나는 올리부로부터 나의 사람들을 사랑하는 마음을 배웠다. 긴장이 연속되는 현장에서도, 밤샘 작업으로 지쳐 있을 때도 그녀는 웃음을 잃지 않는다. 그 웃음으로 함께 일하는 사람들이 힘을 얻는다. 모두가 더 좋은 결과를 위해 기꺼이 애쓰도록 만드는 힘, 그것이 그녀의 응원의 힘이다. 이 책에 담긴 그녀의 응원의 마음이 더 많은 사람에게 힘이 되길 희망한다.

― 캐서린 케이 아벨라네스-프란시스코Katherine Kay Abelanes-Francisco /
넷플릭스 이벤트 아태지역 디렉터

내가 주저앉아 있을 때 나를 일으켜 세워주는 사람, 친절한 말 한마디로, 격려하는 표정으로 부드럽게 고개를 끄덕이며 자신이 내 곁에 있다는 것을 알려주는 사람, 나조차 나를 믿지 못할 때 확신을 가지고 나를 믿어주는 사람, 이 책의 저자 서은아가 바로 그런 사람이다. 이 책을 읽는 많은 사람들 곁에도 그녀의 응원이 함께하길 바란다.

― 재닛 정Janet Chung / 메타 인터내셔널 마케팅 아태지역 디렉터

올리부는 글과 삶이 일치하는 사람이다. 삶을 응원의 관점으로 바라보는 탁월한 렌즈를 가진 그녀는 지나치기 쉬운 미묘한 응원의 흔적들을 자기 자신으로부터, 그리고 누군가로부터 기어코 찾아내 다시 시작할 큰 힘을 제공한다. 마치 프로 운동선수들이 팬들의 응원에 힘입어 도저히 이길 수 없는 다 진 경기에서 믿을 수 없는 역전의 드라마를 만들어내듯이. 이 책을 읽게 될 당신은 분명 응원대장 올리부로부터 가슴 벅찬 응원을 받는 당사자가 될 것이다. 하지만 거기에 머무르지 않고 그녀가 가진 응원의 렌즈를 스스로 갖게 된다면, 이제부터

당신은 응원대장으로서의 새로운 삶을 시작하게 될 것이다.

— 박현우 / 이노레드 대표

언제나 한 걸음 앞서 뒤를 봐주는 멋진 사람이 곁에 있다는 건 분명 인생 최고의 행운 중 하나다. 나는 그런 행운을 꽤 오래 누려왔다. 앞으로 나아가도록 어깨를 밀어주던 응원이 10여 년간 같은 회사에서 여러 프로젝트를 함께하는 동안 늘 옆에 있었으니까. 이제 응원을 받는 일보다 응원을 보내는 게 더 중요한 자리와 역할을 맡게 된 지금, 조직의 변화에 대한 나의 고민까지도 이 책을 통해 조언을 얻을 수 있었다. 책에서 말하듯, 일방적인 응원은 없다. 내가 지금까지 받았던 올리부의 응원을 이제 내 뒤에 선 사람들에게 넘겨주기 위해 애쓰는 것처럼, 우리가 스스로를 응원하고 또 다른 사람들을 응원해야 할 때 이 책을 펼쳐보면 좋겠다.

— 배진희 / 크래프톤 CSR팀 팀장

내 인생은 올리부 님을 만나기 전과 후로 나뉜다고 해도 과언이 아니다. 내가 가장 힘든 순간, 기쁜 순간, 응원이 필요한 순간에는 늘 그녀가 있었다. 일하는 사람으로서, 여자로서, 나 자신으로서 지치고 힘이 들 때마다 아무 이유 없이 나를 지지해주던 그녀를 떠올렸다. 응원은 단순한 감정이 아닌, 단단한 마음 근육과 현실적인 지혜로 뒷받침돼야 한다는 것을 이 책을 통해 한 번 더 깨달았다. 나와 우리 모두의 일과 삶에서의 성장을 만들어내는 따뜻한 응원의 리더십을 더 많은 이들이 느끼기를 바란다.

— 이승희 / 그란데클립 마케터, 『질문 있는 사람』 저자

친구들끼리 우스갯소리로 자주 나누던 말이 있다. "올리부 님은 우리 사회의 공공재가 되어야 해!" 이 말은 100퍼센트 진심이었다. 풀이 죽어 있는 날에는 꼭 안아주며 잔잔한 위로를, 기쁜 날에는 함께 떠들썩한 응원을 건네는 좋은 어른이 있다는 건 인생의 큰 복지니까. 그녀의 응원 한마디에 사람들이 참았던 눈물을 쏟아내는 광경을 여러 번 봐왔다. 진심을 건네는 것만으로도 누군가는 다시 살아갈 힘을 얻을 수 있다는 것, 꼭 거창한 도움이 아니라 응원하는 마음만으로도 누군가를 구원할 수 있다는 걸 올리부 님을 통해 배웠다.

혼자서만 누리기에는 죄책감까지 들었던 그녀의 따스하고 다정한 응원을 더 많은 사람들과 나눌 수 있어 참 기쁘다. 이 책을 읽고 나면 어쩐지 힘이 펄펄 나고, 어제보다 더 나은 사람이 되고 싶어질 것이다. 우리가 그녀의 응원을 받고 늘 그랬듯이.

— **김규림** / 그란데클립 팀 리드, 『**아무튼, 문구**』 저자

시작하는 글

　　매일 아침저녁으로 엄마는 각종 비타민을 챙겨 내 눈앞에 가져다준다. 출근하기 바쁜 아침에, 지치고 힘든 저녁에 내가 나를 챙기지 못할 때 그렇게 매일을 똑같이 나를 위해 애쓰는 엄마. 때때로 먹기 싫다고 도망가기도 하고, 깜박 잊어버리고 안 먹고 가는 날도 있다. 그런 날이면 어김없이 후회한다. 엄마의 응원을, 그 마음을 왜 온전하게 누리지 못했을까. 왜 감사해하지 못했을까.

　　때로는 가장 가까운 사람들로부터 받는 그 응원의 마음을 보지 못할 때가 있다. 응원하는 마음, 그 아낌없이 주는 마음에 기대어 우리가 살아낼 무척 위대하고 아름다운 날들을 모른 채 살아갈 때가 있다.

그래서 나는 그 모든 순간들을 자세히 보기로 했다. 그리하여 이렇게 여전히 부족한 나의 이야기로 많은 사람들에게 응원을 전하기로 마음먹었다. 그 응원의 마음을 더 넓게 전하고 싶어서 책을 쓰기 시작했다. 나의 어느 날의 부족함이, 나의 어느 날의 진지함이, 나의 어느 날의 용기가 이 책을 읽는 많은 사람들에게 따뜻한 위로와 응원이 되길 희망하는 마음에서 시작된 일이다.

무척 작은 일에도 호들갑스럽게 기뻐하고, 상대방의 슬픈 얼굴빛에도 손을 맞잡고 같이 눈물을 또르륵 흘리는 나는, 나와 함께 살아가는 사람들의 삶의 모든 순간이 무척이나 소중하고 애틋하고 사랑스럽다. 그들이 삶의 어느 순간에 실망하고 풀 죽어 있으면, "괜찮아! 충분해!" 하고 큰 소리로 외쳐주고 싶다. 그럼에도 힘을 내지 못한다면 옆에 가만히 앉아 함께 기다려주거나, 손을 꼭 잡아주며 나의 힘을 전해주고 싶다. 이런 마음이 나의 응원하는 마음이다.

나의 그녀를 응원하고, 나의 가족을 응원하고, 나의 사람들을 응원하는 마음. 그 마음으로 나는 매일 조금씩 성장하고, 매일 조금씩 더 나은 어른이 되어간다.

이 책을 마주한 많은 사람에게 나의 응원하는 마음이 뜨겁게 가닿길 희망하며.

2024년 봄
서은아

차례

PART 1   당신의 실패를 응원합니다

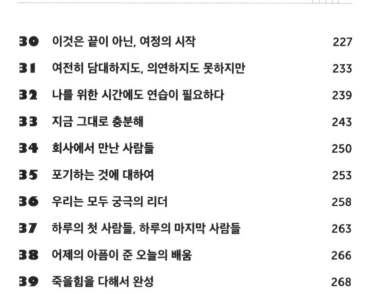

PART 4

이것은 끝이 아닌, 여정의 시작

PART 5 　 계속 나아가야 하는 이유

PART 1

당신의
실패를

응원
합니다

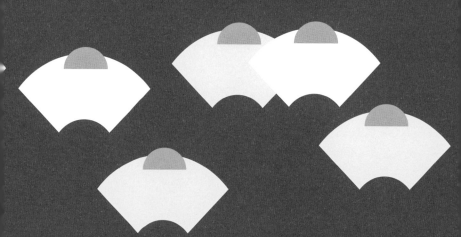

나는
응원대장
올리부입니다

(#응원) (#성장)

"응원대장 올리부입니다!"

지금의 내가 가장 좋아하는 나를 소개하는 문장이다.

몇 년 전 아이와 함께 여행을 떠났을 때였다. 숙소 침대 옆 탁자에 놓여 있던 책 한 권이 눈에 띄었다. 『The 50』이라는 제목이 커다랗게 적혀 있었고, 여성 셋의 뒷모습이 무척 인상적인 표지였다. 잠자리에 들면서 무심코 펼쳐보았다가 그만 뜻하지 않게 깊은 질문을 마주하게 되었다. 그날 밤 내게 찾아온 그 질문은 시간이 꽤 지난 지금까지도 무척 생생하게 남아 있다.

그 책은 50세가 된 여성 50명의 지난 50년간의 삶에 대한 인터뷰집이었다. 목차를 살펴보니 50개의 단어들이 각각의 삶을 대변하고 있었다. 50년의 각자 자신의 인생을 설명하는 단어를 하나씩 고른 거였다.

나의 삶은
어떤 단어로 설명될 수 있을까?

50이라는 나이가 되면 삶을 이렇게 선명한 하나의 단어로 설명할 수 있게 되는 것일까? 나에게 있어 50세는 과연 어떤 의미일까? 수많은 질문들이 가득했던 그 밤을 잊지 못한다.

그날 이후로도 질문들은 예기치 않은 시간과 장소에서 문득문득 모습을 드러내곤 했다. 답을 찾고 싶은 마음으로 많은 생각들을 했지만, 그 답은 쉽게 찾아지지 않았다. 금방이라도 나의 50세가 다가올 것만 같아 조바심이 나기도 했다.

그러던 중 회사에서 커리어 성장에 관한 세션을 진행했던 날이었다. 각자가 생각하는 '커리어의 열망점'이 무엇인지 글로 적어보고 이야기 나누는 시간이었다. 당장 올해 해야 할 일, 내년에 해내야 할 일들에 대한 고민에서 잠시 벗어나 모처럼 조금 먼 미래를 떠올리며 숨을 골라보았다. 나의 성장의 열망점은 무엇일까? 나는 궁극적으로 어떤 사람이 되기 위해 달리고 있는 것일까?

동료들이 하나둘씩 종이에 자신의 열망들을 채워나가고 있었다. CEO(최고경영자), CMO(최고마케팅책임자), CBO(최고브랜드책임자), COO(최고운영책임자)…. 각자 자신의 분야에서 가장 높이 빛나는 자리를 향한 열망들이 뜨거웠다.

나는 과연 무엇을 열망하고 있는가? 나에게 던져진 이 질문에 답하기 위해 나의 지난 시간들을 되돌아보았다. 내가 무엇을 해왔고, 무엇을 잘했으며, 무엇을 할 때 가장 기뻤는지를 열거하기 시작했다. 그 과정들을 쭉 적어 내려가다 보니 조금씩 선명해져가는 열망점이 보였다.

그 많은 C 중에서 내가 적은 C는 이것이었다.

"Cheerleader(치어리더)."

살아가면서 내가 가장 많이 반복하는 말이 무엇일까 떠올려보았다. 그것은 "응원합니다! 응원해요! 응원해!"였다. 생각해보면 20여 년이라는 시간이 흐르는 동안 회사와 직무는 조금씩 달라졌어도, 내가 해온 모든 일에서의 본질은 늘 같았다. 바로 '응원'이었다. '사람과 기업의 성장을 응원하는 치어리더(Cheerleader to support people and business to grow).' 나는 마케터로서 기업과 브랜드의 성장을 돕고, 팀장으로서 팀원들의 성장을 이끄는 사람이다. 내가 가장 보람을 느끼는 순간, 온 마음을 쏟아도 지치지 않는 일이 있다면 그것은 바로 누군가의 성장을 돕는 일이다. 나의 일과 삶의 가장 한가운데에 있는 것, 그 단단한 힘의 정체가 비로소 그 한 단어로 분명해졌다.

누군가의 간절한 순간에 용기를 내라고 손을 잡아주는 것, 그들의 고민에 고개를 끄덕여주는 것, 같은 마음으로 마음을 나누는 것, 그저 그 지친 등을 쓰다듬어주는 것, 기쁨의 순간에 환희의 마음을 전해주는 것. 그것이 내가 하는 응원이다. 비즈니스도, 일도 결국은 사람이 하는 것이기에 나의 응원의 방향은 언제나 그 안의 사람을 향해 있다. 그들이 나의 응원에 힘입어 한 걸음 한 걸음 나아가는 모습을 마주할 때마다 나 역시 또 하루를 버틸 큰 힘을 받는다.

"응원대장 올리부입니다."

나를 소개하는 단단하고 분명한 타이틀, 앞으로 수십 년의 시간에도 변하지 않을 나를 소개할 문장을 갖게 된 순간이었다.

그렇게 나는 나를 설명하는 단어들을 수집하기 시작했다. 응원대장 올리부, 일상 기록가, 브랜드 탐험가, 다정한 관찰자, 따뜻한 어른. 나의 프로필에 나를 설명하는 말들로 남아

있는 단어들이다. 언젠가 사람들이 나를 떠올릴 때 기억해주
었으면 하는 나의 모습, 나의 역할, 나의 열망점들이다.

내가 가장 보람을 느끼는 순간,

온 마음을 쏟아도 지치지 않는 일이 있다면

그것은 바로 누군가의 성장을 돕는 일이다.

나의 일과 삶의 가장 한가운데에 있는 것,

그 단단한 힘의 정체가 비로소 분명해졌다.

02

작은 시작,
대담한
용기

#선택   #취업   #일

어느새 '일하는 사람'으로 살아온 지도 30년이 다 되어간다. 서른 살이 되었을 때 '이제 진짜 어른이구나' 하는 마음이었는데, 일하는 사람으로서 청년의 시간을 보내고 장년의 시간을 앞두고 보니 비로소 '이제 진짜 시작이다!' 이런 마음이 들기 시작했다.

나의 친구들 중에는 나보다 훨씬 어린 친구들이 많다. 그 친구들의 고민을 듣다 보면, 나는 항상 그 어느 날의 내가 보인다. 과거의 나, 오늘의 나, 또는 앞으로 만날 나를 본다.

이제 갓 서른이 된 한 친구는 1년 가까이 새로운 직업을 찾고 있다며 한숨을 쉬었다.

"저는 그동안 살아오면서 그 어떤 선택을 할 때도 용감하고 거침이 없었어요. 그런데 이제는 어떤 선택에도 자신이 없어요."

그는 처음에 자신이 꿈꾸는 일, 좋아하는 일을 좇아 호기롭게 작은 회사를 선택했을 때만 해도 그런 자신이 멋있어 보였다고 했다. 그러나 회사의 사정이 어려워지며 권고사직을 당하게 되었고, 자신의 능력을 발휘할 반짝이는 회사들을 찾아 나섰지만 1년 내내 고배를 마셨다. 그러면서 차츰 단단하던 자신감도, 자신의 선택에 대한 확신도 흐려지기 시작했다.

"이제는 그냥 큰 회사, 안정적인 회사에 들어가고 싶어요. 그런데 이런 제가 도망치는 것 같고, 패배한 것 같은 기분이 드는 건 왜일까요?"

그 친구와 대화를 나누다가 문득 나 역시 생존을 위해 절실한 선택을 할 수밖에 없었던 그 순간이 떠올랐다.

새로운 세상의
문 앞에서

나는 고등학교 때까지도 대학은 '하고 싶은 공부를 실컷 하기 위해' 가는 거라고 생각했다. 그래서 어릴 때부터 좋아하던 문학을 실컷 공부하기 위해 국어국문학과를 선택했다. 나는 나의 선택을 후회하지 않으리라는 확신이 있었다.

그리고 나의 확신은 옳았다. 나는 원하던 대학에 입학해 '배우고 싶은 것'을 마음껏 공부하며 그저 즐겁고 신나는 대학 생활을 보냈다. 돌아보면 그 시절은 나의 삶의 타임라인에서 호기로운 자신감이 가득했던 시절이었다. 그 낭만을 누린 스무 살의 나를 칭찬한다.

그러나 모든 것이 내 마음처럼 흘러가지는 않는다는 것을 깨닫게 해준 충격적인 사건이 벌어지고 말았다. 대학 4학년을 앞두고 교환학생으로 가기 위해 준비하고 있을 때였다. 광화문의 미국 대사관 앞에서 줄을 서서 기다리다가 처음으로 비자가 붙은 여권을 받아 들었을 때 심장이 쿵쾅거리던 그 느낌이 아직도 선명하다. 그렇게 설레는 마음으로 어느 나라, 어느 학과에서 어떤 생활을 하게 될지를 고민하던 어느 날이었다.

"IMF 구제금융 요청!"

신문과 뉴스의 모든 헤드라인이 긴급 속보로 도배가 되었다. 교환학생 프로그램은 전면 중단되었고, 기업들은 채용을 대폭 축소하거나 동결했다. 기껏 기회가 생겨도 전공을 가르고, 거기서 또 성별을 가르며 지원의 기회조차 차별을 받는 지경에 다다랐다. 학교에서 열렸던 취업 설명회에서 나는 "상경 계열이 아니어서 안 돼요", "여자는 안 뽑아요"라는 이유로 입사 지원서를 단 한 장도 받지 못했다.

교환학생 프로그램이 취소되면서 고스란히 남은 1년의 휴학 기간, 나는 이제 '하고 싶은 공부'에서 나아가 '하고 싶은 일'을 찾기로 했다. 무섭기도, 설레기도 하는 새로운 여행길이 내 앞에 펼쳐져 있었다. 비로소 나 혼자 오롯이 서서 걸음마를 시작하는 기분이었다. 내 스스로 찾아가 사람들을 만나고, 내가 직접 프로젝트를 제안하고, 기꺼이 배우고 싶다고 손을 내밀어가며 내 세상을 만들어가는 연습을 했던 때였다. 그렇게 내가 다다른 세상이 '광고'였다. 스토리텔러로서 광고업에서 내가 할 일들을 상상하며 열심히 기회를 탐색했다.

대형 광고 회사에 지원서를 넣으려고 준비하던 때, 내겐 지나가는 모든 글자가, 모든 사람이, 모든 것이 광고였다. 그러던 어느 날 지하철을 타고 이동하던 중이었다. 내 앞에 앉아 있던 아저씨가 들고 있던 신문의 5단 광고가 운명처럼 눈에 들어왔다. 내가 지원서를 제출하려고 준비하던 바로 그 대형 광고 회사의 이름이 크게 보였던 것이다. 벌써 내 회사라도 되는 양, 신문에서 그 이름을 발견한 것마저 반가웠다. 그런데 자세히 보니 그건 작은 온라인 광고 회사의 공채 광고였다.

"저희 회사는 ○○광고 회사의 맞은편에 위치해 있습니다."

작은 회사다 보니까 회사 위치를 쉽게 설명하려고 '○○광고 회사의 맞은편에 있다'고 적어놓은 것이었다. 그때 문득 원서를 준비하는 김에 두 군데 모두 지원해봐야겠다는 생각이 들었다. 회사 위치도 가깝고, 작은 회사의 면접을 먼저 보게 되면 면접 연습도 해볼 수 있겠다 싶었다. 나는 아저씨 손에 들려 있는 신문을 흘깃거리며 그 작은 온라인 광고 회사의 지원 요강을 메모했다.

큰 광고 회사 맞은편의
작은 광고 회사

내가 준비한 이력서는 두 가지였다. 하나는 대형 광고 회사, 다른 하나는 그 맞은편의 작은 온라인 광고 회사에 제출할 이력서였다. 먼저 어마어마하게 멋진 건물의 대형 광고 회사에 지원서를 접수하고 돌아서는데, 수백 개가 넘는 지원서 박스가 눈앞에 아찔하게 쌓여 있었다. 조금 쭈그러든 마음을 안고, 이번에는 '그 맞은편'의 작은 광고 회사에 지원서를 접수하러 길을 건너갔다.

막상 건물 안에 들어왔지만 도대체 사무실 입구가 어디인지 찾을 수가 없었다. 그래서 로비에서 두리번거리며 서성이고 있을 때였다. 어떤 분이 양치질을 하며 지나가다가 나를 보고는 무슨 일로 왔는지 물었다. 지원서를 접수하러 왔다고 했더니, 내게서 지원서를 받아 들고는 곧장 화장실로 들어가 버리는 것이 아닌가. 나는 내 지원서가 화장실에서 버려지는 것은 아닌가 걱정하며 집으로 돌아왔다.

며칠 뒤, 대형 광고 회사와 작은 광고 회사 모두에서 서류심사에 합격했으니 면접을 보러 오라는 연락이 왔다. 면접 일정은 내가 희망하던 대로 작은 회사가 먼저, 큰 회사가 그 뒤 일정으로 잡혔다. 면접을 연습해보기 딱 좋은 일정이었다.

그런데 면접을 앞두고 자꾸만 근본적인 질문들이 고개를 들었다. 만약 면접을 보고 나서 큰 회사와 작은 회사 두 곳에 모두 붙는다면 어디를 선택해야 할까? 아니면 큰 회사는 떨어지고 작은 회사에만 붙는다면 면접 연습 삼아 지원한 그곳에 다닐 것인가? 그 어느 물음에도 속 시원한 답변이 떠오르지 않았다. 나는 무엇이든 '의미'가 무척 중요한 힘을 발휘하는 사람이다. 반드시 이 작은 회사에 지원한 '의미'가 있어야만 했다. 그렇게 해서 순서가 다소 바뀌긴 했지만, 내가 그 회사에 지원한 이유에 대한 답을 치열하게 찾기 시작했다.

나는 무척 빠르게 성공하고 싶다는 욕심을 가지고 있었다. 그렇다면 그 '성공'을 어떻게 정의할 것인가? 그 질문이 시작이었다.

'사람들이 내 이름을 다 알게 되면 좋겠다. 아, 서은아는 일 잘하지! 같이 꼭 일하고 싶지! 그렇게 여겨지는 사람이 되고 싶다.'

같은 조직을 넘어서, 업계에서 그런 칭찬을 받는 것이 나의 첫 성공의 기준이었다. 지금 생각해보면 참 귀엽고 소박한 기준이다. 내가 가지고 있는 힘 중에서 빠르게 성공을 이루어낼 수 있는 힘이 무엇인가를 골똘히 생각했다. 광고 회사에서, 기라성 같은 선배들이 가득한 이 업계에서 내가 빠르게 기여할 수 있는 것은 무엇일까? 과연 이런 막내가 무엇이라도 '더' 잘한다고 인정받을 수 있는 것이 있기는 한 걸까?

그러한 질문들 끝에 도달한 나의 답은 '온라인 광고'였다. 나는 초등학교 때부터 컴퓨터 코딩을 배웠고, PC통신이 등장했을 때도 제일 먼저 사용한 사람 중의 한 명이었다. 이제 막 꿈틀거리는 거대한 온라인 광고 시장은 기존의 광고 시장 못지않게 또 다른 세상 하나를 만들어낼 것이라는 확신이 들었다. 이곳에서라면 내가 확실히 유리한 출발선에서 일을 시작할 수 있겠다는 떨리는 자신감이 고개를 들었다.

면접에 앞서 나 스스로에게 던졌던 그 질문들에 답을 하면 할수록 막연하던 나의 생각은 더욱 뚜렷한 확신이 되어 그 누구보다도 나 자신을 설득하기 시작했다. 내가 왜 큰 회사가 아닌 작은 회사, 온라인 광고 대행사를 선택하게 되었는지,

갈팡질팡했던 마음이 비로소 깨끗이 정리되었다.

'나는 이 회사에 가야만 한다!'

　며칠 뒤 예정되어 있던 대형 광고 회사의 면접은 가지 않았다. 그렇게 나는 '큰 광고 회사 맞은편 작은 광고 회사'에서 첫 사회생활을 시작했다. 대담한 용기로 선택한, 나의 작은 시작이었다.

나의 용기를 응원해준
그들의 기다림

　분명 그 시절의 나는 용감했다. 보이는 안정보다 보이지 않는 도전의 기회를 용감하게 선택했으니까. 온라인 광고 시장이 열리던 그때, 나는 분명히 이 시장이 나의 강점을 더욱 크게 쓸 수 있는 좋은 기회가 될 거라고 겁 없이 생각했다. 지금 당장의 월급의 숫자보다 앞으로 더 많은 기회와 보상을 가질 수 있을 거라고 기대했다.

　하지만 나의 기대와 꿈은 그렇게 금방 쉽게 이뤄지지는 않았다. 작은 온라인 광고 회사에서 만난 사람들과 큰 꿈을 품고 스타트업 창업을 시작했지만, 1년 만에 회사가 망하고 말았다. 몇 달씩 밀렸던 월급은 받을 엄두도 낼 수 없었고, 급기야 자취방 월세를 구하지 못해 전전긍긍하며 가슴을 쾅쾅 치던 20대의 아픈 내가 있다.

결국 회사를 정리하고 서울의 자취방에서 짐을 빼 부모님의 집으로 돌아왔다. 그 시절 가장 괴로웠던 건 그 누구보다도 내게 기대가 컸던 부모님의 얼굴을 마주하는 일이었다. 하지만 돌이켜보면, 대학을 들어가는 순간부터 그 많은 새로운 선택들을 하는 내내 부모님은 내게 어떠한 실망도, 평가도 드러내어 전하지 않았다.

그러던 어느 날, 우연히 엄마의 전화 통화를 듣게 되었다. 엄마는 20분이 넘도록 전화기를 붙들고, 인터넷이라는 용어도 모르는 엄마의 친구에게 인터넷이 무엇인지, 온라인 광고가 무엇인지, 그래서 세상이 어떻게 바뀌는지 하는 이야기로 목소리를 높이고 있었다. 나의 엄마는 당신의 딸이 선택한 그 낯설고 새로운 세상이 무엇인지를 무척이나 애써서 친구에게 설명하는 중이었다.

무심코 엄마의 전화 통화를 듣고 있다가 그만 나는 가슴속이 뜨거워졌다.

'엄마는 나의 선택을 응원하고 있었구나.'

엄마가 그 낯설고 어려웠을 나의 세상에 대해서 저만큼 긴 설명을 할 수 있게 되기까지 얼마나 혼자 알아보고 공부를 했을지, 나의 선택을 어떤 마음으로 지켜봤을지가 고스란히 느껴졌다. 엄마의 응원의 목소리가 쿵쿵 울렸다. 그때에야 알았다. 응원의 마음은 꼭 꺼내어 보여주지 않아도 어떤 말보다 뜨겁게 나에게 힘이 되어줄 수 있다는 것을.

그래서 나는 오늘도 누군가의 그 아프고 힘든 선택들을 응원한다.

"이제는 그냥 큰 회사에 가고 싶어요."

그런 선택도 잘못된 것이 아니다. 어느 때는 나를 지키는 선택이 가장 중요한 때가 있다.

"나에게 무슨 일이든 기회가 주어진다면 좋겠어요. 아무 일이나! 다 잘할 수 있어요!"

아무 일이든 다 좋아할 수 있는 때가 있다. 일이 주어졌다는 사실만으로도 다음으로 나아갈 힘이 될 때가 있다.

어느 시점에 어떤 선택을 하든, 우리 모두에게는 커다란 용기가 필요하다. 나를 인정하는 용기, 나를 깨는 용기, 나를 넘어서는 용기, 나를 지지하는 용기. 그 어떤 용기든 종류와 크기에 상관없이 내가 한 선택들이 마땅했음을, 내가 스스로에게 쥐여준 그 뜨거운 선택을 그저 믿고 다음 발을 내딛는 것.

그것이 바로 나의 작은 시작이 내게 알려준 우리의 모든 순
간을 응원하는 마음이다.

03

내 생에
가장 굴욕스러웠던
40분

#실패   #일

20여 년째 글로벌 기업에 다니는 내게도 영어를 쓰는 일은 여전히 가슴이 두근거리는 일이다. 하루에 내가 쓰는 언어의 비중을 따져본다면, 주중에 회사 일을 하는 낮 시간은 영어 사용이 80퍼센트 이상이다. 코로나 시기에 재택근무를 하던 때에는 가족들이 내가 일하는 모습을 보면서 "쟤는 지금 어느 나라에 사는 건지 모르겠네" 하기도 했다.

대학 시절 IMF 때문에 교환학생의 기회가 사라지고 난 뒤로, 내 마음속에는 내내 이뤄지지 않은 로망이 남아 있었다.

'글로벌 기업에 다니고 싶어!'

그 시절의 나의 마음을 들여다본다. 멋져 보이고 싶기도 했고, 해외 출장을 가보고 싶기도 했고, 조금 더 넓은 세상에서 살고 싶기도 했다. 이 나라에 태어나 경계 지어진 내 삶의 국경을 내 스스로 자유롭게 넓히고 싶다는 마음이었다.

그러던 어느 날, 드디어 그 기회가 나에게 찾아왔다! 글로벌 회사의 면접 자리였다. 면접 일정을 알려주며 담당자가 이렇게 덧붙였다.

"면접은 영어로 진행될 예정입니다."

영어 면접을 한 번도 해본 적이 없던 나로서는 그것이 어떻게 진행되는지 전혀 감이 오지 않았다.

"영어 면접은 어떻게 진행되나요?"

"뭐, 자기 소개 정도 하지 않겠어요?"

그때 나는 앞으로 벌어질 일을 전혀 예상하지 못하고 설레고만 있었다. 조만간 내 생애 가장 굴욕스러웠던 40분을 마주하게 될 줄은 꿈에도 모른 채.

내 생에
가장 굴욕스러웠던 40분

두 명의 면접관과 함께한 인터뷰의 초반은 순조롭게 진행되었다. 언제 영어 면접이 시작될까, 두근두근하면서도 한편으로는 준비해 온 영어 자기소개를 쏟아낼 생각에 조금 상기되어 있었다. 한창 인터뷰가 무르익었을 무렵, 면접관 한 분이 질문을 던졌다.

"지금 회사에서 하고 계신 일을 영어로 이야기해주세요."

순간 사고가 정지되었다. 머릿속이 백지가 된다는 것이 이런 기분일까. 그 자리에서 나는 오늘 내가 '렛 미 인트로듀스 마이셀프'를 말할 일은 결코 없을 거란 사실을 깨달았다. 하필 나는 당시 한국말로도 설명하기가 굉장히 복잡한 업무를 담당하고 있었다.

맙소사. 이제는 머릿속이 새하얘지다 못해 투명해질 지경이었다. 심지어는 아주 쉬운 단어도 생각이 나지 않았고, 간신히 영어로 떠듬떠듬 말을 꺼내도 주어고 동사고 온통 엉망진창이 되어 한 마디도 온전하게 말을 끝맺지 못했다. 심장이 쿵쾅쿵쾅 뛰었다. 방금 전에 뱉었던 말도 안 되는 문장을 다시 시작하고, 하다 보니 또 말이 막혀 다시 시작하고, 또 다시 시작했다. 내가 설명해야 하는 이야기가 1부터 100까지라면, 나는 몇 분 동안 1번 문장에서 헤매고 있었다.

꾸역꾸역 1번 문장을 끝내고, 2번 문장을 마찬가지로 반복했다. 단어들을 되는대로 뱉었다가 다시 삼키고, 처음부터 다시, 처음부터 다시…. 누가 봐도 말도 안 되는 영어를, 그야말로 머릿속을 쥐어짜가며 뱉어내는 동안 나는 마음속으로 울며 소리쳤다.

'제발 이제 됐다고 해주세요. 그만하고 가라고 해주세요.'

100은커녕 1에서 3까지도 이야기하지 못한 나의 업무 설명은 그렇게 40분 가까이 이어졌다. 얼굴이 시뻘개진 채로 영어 단어를 떠듬거리는 그 시간이 영겁처럼 느껴지며, 너무 창피하고 고통스러워서 이제 눈물이 그렁그렁 차오르기 시작했다. 이쯤 되면 그만하라고 할 법한데, 면접관들은 왜 나를 멈춰주지 않는 걸까. 지금 생각해보면 그 말도 안 되는 영어를 듣고 있던 그분들의 괴로움 또한 내 몫이었다.

"네, 알겠습니다."

마침내 나의 영어 면접이 끝났다. 그 이후 몇 가지 질의응답이 더 있었는데, 분명 한국말로 질문을 받았고 대답을 했는데, 그 질문이 무엇이었는지, 내가 어떻게 대답했는지 전혀 기억도 나지 않았다.

면접을 마치고 나와 걸었다. 뜨거워진 얼굴에 찬 바람이 훅 하고 불었다. 그제야 눈물이 뚝뚝 떨어졌다. 창피한 마음이라는 것은 이런 것이었구나. 내가 무슨 자신감으로 글로벌 회사에 가겠다고 생각했을까. 영어 한 마디도 제대로 못 하면서 무슨 해외 출장을 가겠다고 꿈을 꿨을까. 그동안 내가 너무 자만했구나. 익숙해진 일에서 받았던 칭찬들로 내가 다음 여정으로 갈 준비가 되었다고 생각했던 스스로가 부끄러웠다. 준비가 안 된 나 자신을 마주한, 내 자신이 완벽하게 와르르 무너진 날이었다.

숨을 수 있다면
숨고 싶었던 순간

며칠 뒤 2차 면접을 보러 오라는 연락이 왔다. 당연히 떨어졌을 거라고 확신하고 있었기에 의아했다. 어리둥절한 채로 다시 한번 면접장으로 향했다. 2차는 임원 면접이었는데, 무척 편안하게 진행되었다. 다행히 영어 면접은 더 이상 없었다.

얼마 지나지 않아 면접 결과를 받았다. 놀랍게도 합격이었다. 나는 도무지 영문을 알 수 없었다. 그날의 내 기억이 조작된 걸까? 나는 제대로 대답을 못 했다고 기억하지만, 사실 나도 모르게 영어가 술술 터져 나왔던 것 아닐까?

'그래도 내 대답이 그럭저럭 전달은 되었던 걸까?'

자세한 정황은 모르지만, 일단 이직에 성공했다는 기쁨에 와르르 무너졌던 그날의 부끄러움도 잊을 수 있었다. 그렇게 다시 설레는 마음으로 첫 출근을 준비했다.

꿈에 그리던 글로벌 회사로의 첫 출근 날. 두근거리는 마음으로 사무실로 들어섰다. 영어 면접을 보았던 두 분은 나의 팀장님과 사수였다. 팀장님은 나를 보자마자 호탕하게 웃으며 첫마디를 던졌다.

"너 영어 진짜 못하더라. 하하하!"

사무실의 모든 사람이 일제히 나를 보는 것 같았다. 새출발에 대한 기대감에 한껏 부풀었던 마음은 온데간데없이 사라졌다. 어디든 숨을 곳이 있다면 당장 그 틈에 숨어들고 싶었다. 정신이 아득해졌다가 다시 번뜩 들었다. 그날의 내 기억이 조작된 것도 아니었고, 나는 정말로 영어를 못했던 거였구나. 안내받은 나의 자리로 가 앉아서는 계속 생각했다. 그럼 나는 왜 뽑힌 걸까.

연습하면 느는 것과
연습할 수 없는 것

하루 종일 팀장님의 첫마디가 머릿속에 맴돌아서 도통 견딜 수가 없었다. 내가 이 이직에 성공한 이유를 알아야 앞으로 이곳에서 내가 무엇을 할 수 있을지를 생각할 수 있겠다 싶었다. 팀장님께 조심스럽게 물었다.

"팀장님, 그런데 영어를 못하는 저를 왜 뽑으셨나요?"

"영어는 기술이야. 연습하면 느는 기술. 의지와 마음만 있다면 생각보다 빨리 늘 수 있지. 그런데 마음은 생각보다 오래 걸리는 녀석이야. 근성 같은 것 말이지. 그날 면접 때 '뭐 저런 녀석이 다 있어?' 싶더라고. 처음에는 영어를 너무 못해서 어이가 없었어. 저런 영어 실력으로 무슨 깡으로 면접을 보러 온 건가 싶었지. 어느 정도 하다 보면 제풀에 그만두겠지, 포기하고 나가겠지 싶었어. 그런데 못 하겠다는 소리를 안 하더라고. 그 엉망진창인 영어를 몇십 분 동안 계속하는 거야. 저 녀석은 진짜 맨땅에 헤딩을 시켜도 끝까지 해내겠구나 생각했지. 그날 네 영어가 들린 게 아니라, 너라는 사람이 보였어. 그래서 뽑은 거야."

팀장님의 그 대답은 내게 그러니 절대 포기하지 말라고, 많이 연습하다 보면 빠르게 늘 수 있다는 용기를 준 것이었다. 나는 정답도 모르고 기술도 없었지만, 결코 포기하지 않고 끝까지 최선을 다하는 나를 보여줌으로써 선택된 셈이었다.

여러 가지 이유로 그 회사는 내 인생에 날개를 달아준 곳이다. 그곳을 시작으로 글로벌 기업들로 경력이 이어진 까닭에 나는 종종 그 엉망진창이었던 첫 영어 면접을 떠올린다. 그리고 나 역시 그 후로 면접관으로 들어갈 때마다 영어 면접을 진행하곤 한다. 그들의 영어 실력이 아니라, 그들의 마음 근육을 마주하고 싶기 때문이다.

일을 대하는 마음은 선택의 문제다. 포기하지 않기를, 계속하기를 선택하는 것. 선택하고 선택하다 보면 버티는 자세가 단단한 근육이 되는 것. 때로는 이미 망쳤다는 생각이 들어 그만두고 싶을 때, 여기서 더 버틴다고 뭐가 달라질까 싶을 때가 오기도 한다. 하지만 버텨서 달라지는 것도 있다는 걸 말해주고 싶다. 버텨서 기어코 이겨낸 그 기억이 나의 마음에 근육 하나를 만들어주었던 것처럼.

04

두려움에서 도망치지 않을 힘

(#두려움)　(#극복)　(#자신감)

　　포기하지 않는 마음을 인정받아 얻어낸 멋진 기회였지만, 회사에서의 하루하루는 정말 나 자신과 싸워내야 하는 힘겨운 나날들이었다. 생각 같아서는 영어 실력을 빨리 장착해서 사무실 한편에서 벌어지는 영어 회의에서 나도 멋지게 말 한마디 거들고 싶은 마음이 굴뚝이었지만, 현실은 영어로 인사 한마디 건네는 것이 두려워 입도 벙끗 못 하는 내가 있었다.

　'영어 진짜 못하는 사람'인 나의 영어에 대한 두려움은 더욱 커졌다. 특히 외국인들보다도 같은 한국 사람 앞에서 더더욱 영어로 말하기가 창피했다. '쟤 정말 영어 못하네' 하며 웃을 것만 같았다. 나는 어떻게든 영어로 말하는 상황을 피하려고 애쓰며 숨죽여 지냈다. 영어에 대한 두려움을 극복하지 못하는 한 이곳에서 나는 계속 조마조마한 마음을 안고 어딘가 눈에 띄지 않는 위치에서 일하는 사람밖에 될 수 없겠구나라는 생각에, 매일 넘지 못할 벽을 마주하는 기분이었다.

벽을 넘어서야 할 시간

기회는 어느 날 문득 찾아왔다. 당시 회사에서 새로운 역할에 필요한 사람을 찾다가, 역시나 맨땅에 헤딩 능력을 높게 인정받았던 내가 거론된 것이다. 감사한 도전의 기회이기는 했지만, 그 말은 곧 더 이상 영어를 쓰지 않고 숨어 지내기란 어려워졌다는 뜻이었다. 내 앞의 거대해 보이는 벽을 넘어야만 하는 시간이 다가온 것이다. 나는 나를 인정해주었던 팀장님의 선택에 보답해야 한다는 생각이 들었다. 그렇게 다시 용기를 냈다.

그 일을 맡은 뒤 처음으로 주어진 미션은 미국 본사에 가서 업무 인수인계를 받는 것이었다. 내가 그토록 꿈꿔온 해외 출장을 드디어 가게 된 것이다. 마침 교환학생의 꿈이 무산되면서 써보지 못했던 미국행 비자가 만료되는 해였다. 드디어 그 여권과 비자를 쓰게 되는 내 인생의 역사적인 순간이었다. 뭔가 계속해서 좌절되었던 나의 바닥의 시간들을 지나, 이제는 마음껏 날개를 펼칠 나의 성장을 위한 바로 그 두 번째 기회가 주어지는 기분이 들었다.

'내 생에 첫 해외 출장!'

처음 출장 소식을 들었을 때부터 가슴이 두근두근하기 시작하더니 좀처럼 두근거림이 가라앉지 않았다. 너무나도 설레고 기뻐서 가슴이 뛰는 것뿐 아니라, 동시에 이 상황을 혼자 헤쳐나가야 한다는 걱정과 두려움 때문이었다. 5일간 나홀로 미국 현지 직원들과의 업무 미팅을 진행해야 했다. 그것도 무려 40건이나! 그들에게 내가 해야 할 말을 제대로 할 수있을까? 설령 말은 한다 해도 그들의 대답을 내가 알아들을 수는 있을까? 눈앞이 캄캄해지며 영어 면접 때의 악몽이 떠올랐다.

그러나 더 이상 물러설 곳이 없는 막다른 벽에 다다르자 용기가 생겼다. 또 나를 믿어준 팀장님의 선택에 보답하겠다는 의지가 용기에 불을 지폈다. 더불어 준비가 된 사람이 아니었다고 스스로에게 실망했던 그날, 눈물을 뚝뚝 흘리며 스스로에게 실망했던 그날의 나에게 '준비는 저절로 돼서 나에게 주어지는 것이 아니라, 내가 애쓴 시간들이 모여 준비가 된다는 것'을 이야기해주고 싶었다.

자, 이제 준비를 하면 되는 거다!

나는 도망가거나 주저앉는 대신 벽을 뛰어넘을 방법을 궁리하기 시작했다. 뛰어넘지 못한다면 돌아서라도 갈 방법이 분명 있을 것이다.

스스로에게 치열했던 시간이 준 선물

우선 나는 현재 상황에서 내가 할 수 있는 것을 떠올려보았다. 지금 내가 할 수 있는 것, 영작을 할 수 있고, 그걸 외울 수 있다는 사실. 중고등학생 시절에도 시험 때면 교과서를 달달 외웠을 정도로 암기 하나만큼은 자신 있었던 나 아니던가.

'그래, 통째로 외우는 거야. 미팅에서 내가 할 이야기들을 전부 영작해서 외워버리자.'

나는 미팅에서 해야 할 이야기를 영작해 나만의 대본을 만들기 시작했다. 각각의 미팅마다 누가 참석하는지, 어떤 주제로 회의를 할 것인지, 내가 무엇을 물어봐야 하는지는 이미 알고 있는 사실 아닌가. 내가 해야 할 이야기를 정리하여 미팅 하나당 A4 용지 한 장씩, 총 40장의 대본이 완성됐다. 5일간의 출장 기간 동안 하루에 8건씩의 미팅이 잡혀 있었으므로, 하루에 8장의 대본을 외우면 되는 것이었다.

모든 대본의 맨 첫 단락은 나에 대한 간단한 소개와 미팅의 목적을 설명하는 부분이라 하루 이틀 지나니 아주 유창하게 시작할 수 있었다. 일단 앞부분을 자신 있게 시작할 수 있게 되니, 그 순간의 나 자신이 그렇게 대견하고 좋았다. 그러고는 각 담당자들에게 물어야 할 본격적인 업무 질문들을 하나하나 해나갔다. '내가 미국에서 영어로 일을 하고 있다고!' 미팅이 하나씩 끝날 때마다 벅차오르는 마음을 오롯이 누렸다.

다음 날도, 그다음 날도 같은 방식으로 미팅을 진행했다. 외우고, 말하고, 녹음하고, 영작하고, 외우고… 잠시도 머리 식힐 틈이 없는 무자비한 5일의 일정이 그렇게 흘러갔다. 마침내 모든 일정이 끝나고 한국으로 돌아가는 비행기에서, 출장을 온 날부터의 시간들을 내가 어떻게 보냈는지 곰곰이 회고해보았다. 못하던 영어가 갑작스럽게 일주일 만에 마스터되었을 리는 없었다. 다만, 내 안에 감사하게도 자리 잡은 한 가지 마음이 있었다.

'내가 해냈다! 앞으로도 해낼 수 있겠다!'

나는 그 순간 앞으로도 영어로 일을 해나갈 수 있겠다는 확신이 들었다. 앞으로의 시간이 결코 쉽지 않으리라는 것도 알고, 그 과정에서 또한 더 많은, 더 새로운 문제들이 튀어나오리라는 것도 알지만, 그래도 해낼 수 있을 것 같다는 마음이 나에게 안도감을 주었다. 나를 믿는 마음, 그것은 나 자신에게 치열했던 5일이 준 선물이었다.

두려움이 사라지면
생겨나는 것

치열했던 첫 번째 해외 출장을 무사히 마치며 얻은 그 단단한 '나를 믿는 마음'으로 나는 이후 콘퍼런스 콜이나 영어 프레젠테이션을 진행하는 데 숨거나 피하지 않았다. 그저 조금 더 애썼다. 회의나 발표를 하기 전에 나는 미리 스크립트를 작성하고, 외우며 준비하는 시간을 기꺼이 더 썼다. 영어를 써야 하는 자리에서 여전히 긴장하고 겁이 났지만 피하거나 도망가지 않았다.

영어는 기술이라 연습하면 느는 것이라고, 내가 가진 그 단단한 마음의 뿌리를 알아봐주며, 그 마음은 아무나 가질 수 없는 강점이라고 말하며 나를 선택해준 그 시절 나의 팀장님에게 지고 있던 마음의 빚을 나는 그날로부터 7년간 그렇게 갚아나갔다. 영어는 그 이후로도 내가 일하는 데 있어서 여전히 어려운 장벽이었다. 그러나 이제 내게 중요한 사실은 영어가 더 이상 두려움의 대상이 아니라는 것, 내가 원하는 것을 이뤄내는 과정에서 도망갈 대상이 아니라는 것이다.

두려움은 단박에 사라지지 않는다. 다만 두려움이라는 마음을, 두려움에서 도망가지 않을 힘으로만 바꾼다면 우리가 할 수 있는 일의 가능성은 무한히 커진다는 것을 기억하자.

그 회사에서 7년간 근무한 뒤 다음 회사로 이직이 결정되었을 때, 그곳의 사람들이 어떤 사람이 새로 오는지 궁금해하며 서로 묻다가 "어떤 영어 잘하는 사람이 온다는데?" 하고 이야기했다는 후문을 들었다.

'영어 진짜 못하는 사람'에서 '영어 잘하는 사람'으로 소개되기까지의 나를 만든 것은 바로 두려움에서 도망치지 않는 힘이었다. 내가 더 많은 성장을 이루어낼 수 있는 밑거름이 되어준 가장 큰 자산이었다.

두려움은 단박에 사라지지 않는다.

다만 두려움이라는 마음을,

두려움에서 도망가지 않을 힘으로만 바꾼다면

우리가 할 수 있는 일의 가능성은

무한히 커진다는 것을 기억하자.

05 가장 이상적이었던 인턴의 인터뷰

#실패   #일

나의 인스타그램 피드에 자주 등장하는 인물들이 몇 있다. 10여 년 전 나의 팀에서 인턴으로 일하며 인연을 맺은 친구들이다. 그들 모두 지금은 각자의 자리에서 무럭무럭 성장한 멋지고 든든한 친구들이 되어 있다. 그 덕분에 어떻게 하면 그들처럼 잠재력을 가진 훌륭한 인재들을 알아볼 수 있는지, 어떤 사람을 나의 인턴으로 또는 팀원으로 선택하는지에 대한 질문을 종종 받는다.

10여 년 전 인턴을 뽑을 때의 일이다. 인턴 채용이다 보니 대부분 대학생이나 갓 졸업한 친구들이 지원을 했다. 뜨겁고 치열한 청춘의 마음들이, 간절하고 절실한 누군가의 마음들이 빼곡히 담겨 있는 수백 장의 지원서를 읽었다. 이력서 너머 그들의 그 마음을 살펴보는 일, 그것이 내가 사람을 선택할 때 할 수 있는 최선이었다.

그중 무척 기억에 남는 흥미로운 이력서 한 장을 마주했다. 그의 이력서 에세이에는 '거북이 알 구조'에 대한 이야기가 가득했다. 그 거북이 알이 결국 어떻게 구조되었는지, 그 이야기의 끝을 알고 싶어서 읽는 내내 입꼬리가 실룩였던 것을 기억한다.

면접 날, 그 친구에게 질문을 시작했다.

"본인에게 어떤 경험이 있나요? 들려줄 만한 경험이 있다면 이야기해보세요."

그 질문에 잠시 고민하는 듯하더니 그 친구가 입을 열었다.

"잘하지 못했던 건 얘기할 수 있어요. 실패를 하도 많이 해서요."

"그럼 본인이 실패했던 것 중에 기억에 남는 걸 얘기해보세요."

그렇게 그 친구의 이야기가 시작되었다.

거듭된 실패가
빛을 발하는 순간

"저는 대학을 다니는 동안, 정말 멋진 일을 경험해 보고 싶었어요. 아프리카로 봉사 활동을 가거나 하는 일들이요. 그게 그렇게 멋져 보이더라고요. 그런데 그게 하고 싶다고 쉽게 얻어지는 기회가 아니더라고요. 그런 일을 어떻게 하면 할 수 있는지, 어디서 정보를 찾아봐야 할지 아무것도 아는 게 없었어요. 간혹 그런 정보를 발견하고는 나름대로 열심히 지원서를 써봤는데 전부 서류 심사에서 탈락했어요.

그래서 곰곰이 생각해봤어요. 나는 왜 번번이 실패할까. 내가 뭘 잘못한 거지? 그러다가 문득 이런 생각이 들었어요. 어쩌면 나는 '의미 있는 일'과 '멋져 보이는 일'에 대한 구분을 하지 못하고, 잘못된 의도에서 출발했기 때문에 실패하는 것이 아닐까. 그 일을 '왜 해야 하는지'보다 그 일을 하는 나에 초점이 맞춰져 있었으니까요. 그런 마음으로 얕은 지원서를 썼으니, 사실 곧 들킬 수밖에 없었던 거죠.

그때부터는 내가 하고 싶은 일이 아니라, 나를 필요로 하는 일이 무엇일까 찾기 시작했어요. '멋진 일'이 아니라 '의미 있는 일'을 해보자고요. 내가 가진 현재의 능력으로 할 수 있는, 정말로 세상에 도움이 되는 일이요. 한동안 그런 마음으로 주변을 보며 지냈던 것 같아요. 그러던 어느 날 TV에서 멸종 위기에 처한 거북이들에 대한 다큐멘터리를 보게 되었어요. 이 거북이들이 바닷가 모래사장에 알을 낳는데, 거북이들이 알을 낳으면 새들이 기다렸다는 듯이 와서 알을 쪼아 먹는대요. 그래서 가뜩이나 멸종 위기인 이 거북이들의 생존율이 더욱 낮아진다는 거였어요.

그 다큐멘터리를 보고 '바로 저거다!' 싶었어요. 세상에 꼭 필요한 일, 제가 가진 현재의 능력으로 할 수 있는 일, 그리고 무엇보다도 제가 아주 간절한 마음으로 바라는 일이요. 저는 그 거북이들을 정말로 꼭 살리고 싶었거든요. 거창한 스펙은 없지만, 그런 저라도 거북이 알을 옮겨주는 일쯤은 할 수 있을 테니까요. 다만 몇 마리의 거북이라도 살릴 수 있다면 그 일에 제 힘을 보태고 싶었어요.

그래서 멸종 위기의 거북이에 관한 정보를 계속 찾다 보니, 거북이 알을 구조하는 국제 단체가 있다는 것을 알게 되었어요. 바로 지원서를 내고 면접을 봤습니다. 여전히 다른 스펙은 없었고, 또 탈락할까 봐 두렵기도 했지만, 제 진심만은 알아주기를 바라며 호소했어요. 저는 정말 거북이를 살리고 싶다고요. 이번엔 제 진짜 마음이 통했는지 그 봉사단원으로 뽑히게 되었어요. 그렇게 해서 거북이를 구하러 미국에 가게 되었습니다."

멸종 위기 거북이에 대해 열과 성을 다해 이야기하는 것을 듣다 보니 인터뷰 과정인 것도 잊을 만큼 몰입해서 이야기를 나누게 되었다.

"굉장한데요? 가서는 무슨 일을 했어요? 거북이는 구했나요?"

"거북이들이 산란하는 바닷가에 가서 땡볕 아래에서 하루 종일 거북이 알을 찾아 옮기는 일이었어요. 모래도 잔뜩 달궈져서 아주 뜨거웠는데, 그 뜨거운 모래밭을 샅샅이 헤쳐가며 거북이 알을 찾아다녔어요. 덥기도 정말 더웠지만 호시탐탐 알을 노리는 새들하고도 싸워야 했고요. 그렇지만 안전한 곳으로 옮겨진 거북이 알에서 새끼 거북이가 부화되는 모습을 보면 힘들다는 생각을 할 수 없어요. 제가 구한 거북이가 다섯 마리가 되고, 열 마리가 되고, 그렇게 날마다 늘어나는 거북이를 생각하면 정말 뿌듯했어요!"

여기까지 들었을 때도 놀라웠는데, 그 친구의 이야기는 거기서 끝이 아니었다. 거북이 알 구출 작전은 이제 토네이도 재난 현장으로 이어졌다.

"거북이 알을 구하는 일도 좋았지만, 사실 더 좋았던 것은 나와 같은 마음을 가진 사람들과 모여 있다는 거였어요. 거북이를 구하고, 지구를 보호하고, 더 나은 세상을 만들고 싶다는 생각만으로 모인 사람들이잖아요. 그러다 보니 세상에는 어떤 문제가 있는지, 그 문제를 해결하기 위해 우리는 어떤 일을 할 수 있을지에 대해 많은 이야기를 나눴어요. 그런데 하필 그때 미국의 어느 지역에서 토네이도가 일어나서 마을 하나가 초토화되었다는 소식이 들려온 거예요. 모두 걱정스럽게 그 뉴스를 보다가 누군가가 말했어요.

'우리의 다음 여행의 목적지는 저곳이 되어야 해.'

그 말에 모두가 자연스럽게 고개를 끄덕이고 있었어요. 그래서 그 길로 다 같이 그 마을로 가서 재난 현장을 복구하는 일에 일손을 보태고 돌아왔습니다."

이런 인터뷰를 할 수 있었다니, 지금 다시 생각해봐도 그 대화를 나누었던 그 친구의 반짝이는 마음이 그대로 보이는 것만 같다. 얼마나 큰 마음을 배워서 돌아왔을까, 자신이 하는 일 하나하나에 의미를 부여할 수 있는 마음을 배웠다는 것은 무척이나 큰 자산이다.

번번이 실패했던 순간에 그가 깨달았던 것은 '내가 지금 할 수 있는 일, 그래서 진짜 기여할 수 있는 일'에 진심과 간절함을 다해 문을 두드려야 한다는 것이었다. 그렇게 해서 그는 그 큰 힘을 얻을 수 있었다.

실패를 거듭하며
본질을 깨닫는 사람

그래서 나는 인터뷰를 볼 때 실패에 대해서 묻는다. 어떤 실패를 통해 어떤 마음을 얻었는지. 인터뷰라는 자리가 온통 내가 성공한 일들을 자랑해야만 할 것 같지만, 결국 관건은 내가 어떤 힘을 가진 사람인가를 보여주는 것이 아닐까. 실패를 통해 반짝이는 나의 힘을 이야기할 수 있는 사람이라면 그런 막강한 힘을 자랑하지 않으면 안 되니까!

그래서 나는 모든 인터뷰에서 '실패의 경험'을 묻는다.

"자신의 실패한 프로젝트에 대해서 이야기해주세요.

어떤 실패를 겪었고, 그 실패의 이유는 무엇이었나요?

그리고 그 실패를 통해서 무엇을 얻었나요?

당신의 실패 이야기를 들려주세요."

가장
빛나는
실패

(#실패)　(#일)

"이미 경력을 망치셨네요."

그런 말을 들었다고?!! 나는 그런 말을 도대체 누가 한 거냐며 불같이 흥분했다. 그 말을 들은 건 이제 고작 스물몇 살이 된 친구였다. 자신의 이력서를 누군가에게 보여주었는데, 조언의 첫마디가 바로 저것이었다고 한다. 그러고는 이런 경력은 도움이 안 되니 지워버리고, 이렇게 저렇게 다시 경력을 쌓아 어필하고, 이런저런 길로 가야 한다고 확신에 차 이야기를 했다고 한다.

그 대화를 전해 들으면서 나는 무척 속이 상했다. 그런 내게 그 친구는 어떻게 실패하지 않고 나아갈 수 있는지, 지금까지 나는 어떻게 나의 경력을 만들어왔는지를 물었다.

실패하지 않고, 잘 만들어진 경력. 많은 친구들은 내가 거쳐온 몇 개의 회사 타이틀들을 보고, 현재의 내 자리를 동경하며 자신들도 그렇게 그 자리까지 실패하지 않고 올라가고 싶다고 말한다. 정말 나는 실패하지 않고 이 자리까지 온 걸까?

나는 실패가 많은 사람이다.

하지만 나는 실패가 없는 사람이다.

그런 친구들을 만날 때마다, 나는 실패가 많았지만 실패가 없었다고 이야기를 시작하곤 한다.

창업 멤버로 참여했던
작은 회사가 1년 만에 폐업했다

이렇게 그 사실을 적고 나면 실패 하나로 남고 끝이다. 하지만 나는 그 실패의 결과를 가져왔던 나의 선택을 자랑스러워한다. 그것은 무척 진지했던 나의 20대의 가장 찬란했던 선택이었다. 작은 회사에 들어가서 정말 그토록 뜨겁게 일하는 마음을 갖게 된 나를, 나는 무척 좋아했다. 그 뜨거운 마음이 더 크게 활활 타오를 수 있도록 더 많은 불씨들을 만나고 싶었다.

그렇게 그 마음에 더 큰 불씨를 더해준 사람들이 있었다. 선배들과 함께 시작했던 그 회사는 새로운 비즈니스 모델을 시도했고, 우리는 아직 세상에 없는 것들에 대한 이야기를 나누며, 매일을 그렇게 가슴이 두근거리는 시간을 보냈다. 나는 우리가 만들어갈 새로운 세상의 무엇을 꿈꾸느라 설레어서, 잠을 자면서도 아침이 빨리 오기를 기다렸다.

자본금이 다 떨어지고 사무실 월세를 내기에도 부족해질 무렵, 우리는 낮에는 광고 대행을 하고 밤에는 새로운 비즈니스 모델 찾기에 여념이 없었다. 그렇게 열심히 했는데도 우리의 비즈니스는 마음먹은 대로 잘 되지 않았다. 결국 월급도 못 받고 몇 달을 끙끙대며 버티는 삶을 살아가기도 했다. 회사가 망하는 것이 내 인생이 망하는 것 같아서 매일을 그렇게 엉엉 울었다. 그러다가도 이대로 무너질 수는 없다고 어느 날은 다시금 용기를 냈다. 또 어느 날은 새로운 것들을 찾아가는 일이 원래 이렇게 어려운 것이라며 서로를 위로했다.

결국 사무실의 가구들을 처리하고 폐업 절차를 밟았다. 무척 울었을 것이 뻔한데 나는 그 마지막 날이 기억이 나질 않는다. 대신 우리가 회사를 시작한 첫날은 선명하게 기억이 난다. 울고 웃었던 그 모든 날들도 선명하게 기억이 난다.

언젠가 이 이야기를 들은 친구들이 내게 물었다.

"만약 과거로 돌아갈 수 있다면, 그 선택을 바꾸시겠어요?"

나는 그때로 돌아간다 해도 아마 같은 선택을 할 거라고 대답했다. 그 선택을 하기까지, 나는 나에게 최선인 선택을 하기 위해서 누구보다 진지하게 고민했기 때문이다.

어느 누구든, 어떤 선택이든, 우리는 스스로에게 가장 좋은 선택을 위해 최선을 다해 고민한다. 그것이 우리가 한 '최선의 선택'이다. 비록 그 결과가 '최고의 결과'는 아니었을지라도, 나는 그 최선의 선택을 했던 나의 어제 그리고 그 선택을 최고로 만들기 위해 애썼던 매일의 최선의 날들을 사랑한다. 그렇기 때문에 나의 그 실패는 실패로 기록하지 않는다.

9·11 테러 때문에
또 한 번의 기회가 날아갔다

한 번쯤 실패할 수 있지! 회사는 폐업했지만, 실패가 두려울 나이가 아니었다. 나는 그 실패 덕분에 이어질 새로운 시작에 대해 이미 기대가 가득했다. 그게 어떤 시작이든, 회사가 망하고 몇 달째 월급도 받지 못한 지금보다야 낫지 않겠는가.

그때 친구에게서 캐나다에 와서 작은 프로젝트를 함께 해보지 않겠냐는 제안을 받았다. 가슴이 뛰었다. 대학 시절 IMF 사태로 교환학생의 기회를 상실한 후, 나는 이 세상의 다른 어딘가에서 기회를 갖게 되는 꿈을 가슴속 저 밑으로 묻어두고 있었다. 그렇게 가라앉아 가려져 있던 꿈이 다시 심장 가까이로 떠올라 마음을 두드리기 시작했다.

나는 캐나다행 편도 티켓을 샀다. 되돌아올 계획 같은 걸 따지지 않고 출발하기로 했다. 이곳에서의 실패의 잔해가 오히려 내가 용감하게 떠날 수 있는 모든 이유가 되었다. 일단 서울의 자취방을 정리하고, 떠나는 날까지 부모님 집에 머물며 앞으로 긴 시간 보지 못할 아쉬움을 달래기로 했다.

드디어 출국 전날, 가족들과 마지막 저녁 식사를 하고, 차분히 내일 떠날 채비를 하며 거실에서 가족들과 이야기를 나누는 중이었다.

TV에서 비행기가 건물에 가서 부딪치는 장면이 반복되고 있었다. 비행기가 건물로 돌진하고, 건물이 동강이 나며 와르르 무너지는 장면을 수차례 멍하니 보고 나서야 이것이 실제 상황이라는 것을 인지했다. 그리고 그 사건이 당장 나의 내일에 영향을 미칠 수 있다는 사실을 깨달은 것은 그로부터도 한참 후였다. 모든 방송, 모든 뉴스에서 이 거대한 사건을 다루는 동안, 이것이 나의 또 다른 실패가 될 것이라고는 상상도 하지 못했다.

그리고 나의 캐나다행 항공권이 잠정 취소되었다는 메시지를 받았다. 시작도 못 해보았지만 실패는 이미 예정되어 있었다. 두 달 후 가게 된 캐나다에서는 내가 함께할 수 있었던 기회가 이미 사라진 뒤였다. 그래도 나는 그곳으로 향했다. 나에게 남은 것이 그곳으로 향하는 편도행 항공권밖에 없었기 때문이었다.

두 달간의 캐나다 생활은 그저 다시 한번 실패를 인정하는 것을 보류하는 기간에 불과했다. 다음 시작은 도대체 어떻게 해야 하는 걸까. 매일을 지워내듯 하루하루를 버텼다. 내일이 와도 아무 일이 벌어지지 않으리라는 것을 알면서, 드라마에서처럼 갑자기 기적 같은 희망이 나타나기를 기대 없이 기다렸다.

그 지루하고 아팠던 시간 동안 만났던 소중하고 고마운 친구들 덕분에, 나는 하루하루를 그 사람들을 기다리는 힘으로 살았다. 저녁이 되어 친구들이 퇴근하고 돌아와 나와 함께 이야기하는 그 시간만을 기다리는 삶이라니. 이런 삶이 존재하는구나 생각하며, 밤이면 다시 찾아올 다음 날들을 두려워했다.

그러던 어느 날, 캐나다에서 자주 들르던 가게 사장님으로부터 할머니의 컴퓨터를 고쳐줄 수 있겠냐는 부탁을 받았다. 그곳에 머무는 동안 여러모로 마음을 써주었던 분이었다. 할 일이 생겼다. 그것도 고마운 분에게 도움이 될 수 있는 일이 라니. 나는 컴퓨터를 고치는 데 필요한 것들을 이것저것 준비 하면서 신이 났다. 드디어 내일 아침에 일어날 이유가 생겼 다!

다음 날, 할머니의 컴퓨터를 살펴보고 새로 포맷을 해드린 뒤 컴퓨터 사용법까지 친절하게 알려드리고 나왔다. 그러자 그다음에는 옆집 할아버지, 또 그다음에는 건넛집 할머니로 부터 도움의 요청이 들어왔다. 할머니 할아버지들은 연신 "잘 한다", "고맙다" 칭찬을 해주며 마을의 어르신들에게 나를 소 개해주기 시작했다.

그렇게 동네 할머니 할아버지들의 컴퓨터를 포맷하고 새로 프로그램을 설치하러 다니는 동안, 나는 나도 모르는 새에 조 금씩 회복되어가고 있었다. 내가 포맷한 것은 컴퓨터가 아니 라 사실은 내 마음이었다는 것을 나중에서야 깨달았다.

'나는 일을 해야겠다. 무슨 일이든 해야겠다.
어떤 일이든, 내게 주어진 무엇이든 사랑할 자신이 있다.'

그렇게 다시 한국으로 돌아가야 할 이유를 찾았다.

캐나다에서 어두운 터널 같은 시기를 보내는 동안, 나는 내 삶의 동력을 찾는 방법을 알게 되었다. 삶을 가치 있게 하는 것은 어마어마한 성공이 아니라, 아주 작은 단위의 성공이라는 것을 배우게 되었다. 내 인생에서 가장 중요하고 뜨거운 마음을 얻었으므로, 그러니까 그 시간은 실패였으나 실패가 아니었다.

모든 어제와 오늘의
존재의 이유

지나온 나의 시간을 지우고 무엇에 맞추어 다시 디자인해야 한다는 것일까. 그 친구의 이야기를 들으며 가장 안타까웠던 것은 그가 과거의 이력을 '망쳐서'가 아니라, 지나온 본인의 시간을 그렇게 '지우고' 있다는 사실이었다.

과거의 나의 모든 시간은 결국 오늘의 나를 이루는 시간이다. 오늘, 오늘, 오늘이 쌓여 내일의 내가 되는 것이다. 어제의 내가 없이 오늘의 내가 존재할 수는 없는 일이다. 결국 지금의 나를 존재하게 했던 그 시간들을 지우고 부정한다는 것은, 지금의 나의 어느 부분을 허물어 지우겠다는 것이 아니겠는가.

실패처럼 보이는 시간들이 존재할 수 있다. 최고의 결과가 아니라고 해서 나의 최선의 선택과 과정들을 실패라고 단정 짓고 지우지 말자. 나의 모든 어제와 오늘에 존재해 마땅한 이유를 부여하는 것은 바로 나 자신이다. 그렇게 존재의 이유를 주었던 어제와 오늘이 결국 내일의 가장 중요한 자산이 될 것이라 믿는다.

  상상을 해보았다. 만약 나의 팀원이 춤을 너무 좋아해서 서른 즈음 회사를 돌연 그만두고 춤을 제대로 배워보겠다고 한다면, 나는 그 친구에게 어떤 조언을 들려줄까. 1초의 망설임도 없이 나는 기꺼이 그의 선택에 찬성하고 응원을 보낼 것이다. 그리고 1년쯤 뒤 그가 다시 회사에 들어가려고 하는데, 춤을 추었던 그 1년의 시간을 어떻게 설명해야 할지 몰라 고민한다면, 나는 아마도 이렇게 조언을 들려줄 것이다.

  "그토록 춤을 좋아하는 사람이니까, 살면서 언젠가는 꼭 한 번 춤에 몰두하는 시간을 가지고 싶었을 거야. 지난 1년은 그래서 너의 인생에서 가장 의미 있는 시간이었을 테고. 모든 선택의 결과가 경력의 성공과 실패로 나뉘는 것은 아니야. 어떤 선택의 결과는 몰두하는 힘, 사랑하는 힘, 치유의 힘, 위로의 힘을 가르쳐주기도 해. 춤을 추는 동안 정말 많은 것을 배웠잖아. 여럿이 함께할 때는 어떻게 합을 맞춰야 하는지, 때로는 다른 사람을 돋보이게 하기 위해 자신이 어떻게 숨죽여야 하는지, 또 때로는 체력의 한계라고 느껴지는 순간을 넘어서는 희열을 느껴보기도 했잖아. 앞으로 네가 살아가야 할 인생의 많은 순간들 속에서, 지난 1년간 단련한 마음의 근육들은 가장 큰 힘이 되어줄 거야."

　나라면 춤을 연습하느라 손발에 상처가 가득한, 기꺼이 도전할 줄 아는 용기를 가진, 실패했어도 멋지게 성장하고 돌아온 그를 더욱 열렬히 환영할 것이다.

　우리가 살아온 시간 중 어느 하나도 부정할 필요가 없고, 삭제할 필요가 없다는 말을 모두에게 꼭 전하고 싶다. 아무에게도 보여주고 싶지 않은 과거의 시간, 모두가 이력에서 지워버리라고 하는 그 시간이 여러분의 인생에서 가장 빛나는 하이라이트가 되었으면 한다. 우리 모두가 자신의 시간에 하이라이트를 비춰줄 수 있는 사람이 되기를 응원하며.

07

무조건
응원하는
날

#응원

"올리부 응원 마켓에 초대합니다!"

나는 어려서부터 책을 무척 좋아했다. 아빠는 내게 책 한 권을 다 읽고 나면 회사로 전화를 하라고 하셨다. 그 전화가 하고 싶어서 나는 무척 열심히 책을 읽었다. 그날 밤이면 퇴근길에 어김없이 그다음 책을 사 가지고 오셨던 아빠를 기다리는 일이 나에게는 가장 설레는 시간이었다. 그렇게 책장 가득 전집을 다 모았던 날, 나는 비로소 내가 책을 사랑하는 사람이라는 것을 알게 되었다.

고등학생 때 가족들과 함께 갔던 광화문의 교보문고는 나에게 꿈같은 장소였다. 그때 이후로 광화문 교보문고 건물에 있는 회사에 들어가는 것이 나의 꿈이라고 말하고 다녔다. 대학 전공으로 국어국문학을 선택하게 된 것도 그때의 그 마음 때문이 아니었을까. 대학에 들어가고 나서 가장 목말랐던 것은 더 많은 책들을 갖고 싶다는 소유욕이었다. 매일 등하교 때마다 들르던 학교 앞 서점은 나의 최애 장소였다. 그곳에서 매주 새로운 책을 한 더미씩 사 들고 가던 나의 동기를 무척 부러워했다. 그 이후로 나는 이다음에 취직을 하면 책을 사는 데 아끼지 않고 돈을 쓸 거라고 친구들에게 떠벌리곤 했다.

정말로 취직을 하고 월급을 받게 되면서 나는 매달 꼬박꼬박 많은 책들을 샀다. 그렇게 나의 책장은 책들로 가득했다. 그리고 다 본 책들은 주위 사람들에게 선물로 나누어 주곤 했다. 그렇게 시작했던 책 선물이 지금껏 이어지고 있다. 수년 전부터는 1년에 100명에게 응원을 선물하겠다는 마음을 100권의 책을 통해 전했다. 그것이 올리부 응원 마켓의 시작이었다.

100권의 책으로 시작된
'올리부 응원 마켓'

나는 100권이 넘는 책을 책장에서 꺼낸다. 책들을 꺼내면서 이 책들이 어떤 사람들에게 어떤 의미의 순간을 선물할지를 상상하는 것만으로도 행복해진다. 어느 해에는 한 강에 책 100여 권을 펼쳐놓고 사람들을 초대했다. 사람들은 각자 먹을거리를 들고 한강으로 찾아왔고, 우리는 소풍을 나온 것처럼 함께 누워 책을 보며 웃고 떠들었다. 그러면서 그곳을 지나가던 사람들까지 덩달아 책을 받아 가기도 했고, 신나게 놀고 있던 아이들에게도 책을 선물했다. 코로나가 한창이던 시절에는, 책들을 꺼내 사진을 찍어 인스타그램에 올리고는 각자 원하는 책들을 선택하라고 해서 택배로 보내준 적도 있었다.

그러다 지난여름에는 어떻게 하면 사람들과 만나서 책을 나눠 줄 수 있을까 궁리를 하다가, 100명의 사람들을 모아 한 장소에서 만나 마음을 나누고 책을 나눠야겠다는 생각이 들었다. 이러한 내용을 인스타그램에 써서 올렸다. 그랬더니 생각지도 못했던 DM이 쏟아져 들어오기 시작했다.

"저도 제 책을 나누고 싶어요!"

"저는 함께하는 분들께 마실 것을 나눠 드리고 싶어요!"

"저는 작은 문구들로 사람들에게 행복을 나누고 싶어요!"

"저희는 저희가 만든 향을 나눠 드리며 그분들을 응원하고 싶어요!"

기꺼이 주고 싶다는 마음들이 모였다.

그렇게 응원 마켓이 시작되었다. 몇몇 브랜드와 개인들이 모여 사람들에게 선물을 나누어 주었다. 뜨거운 여름날이었는데도, 사람들은 시간에 맞추어 모두 찾아와주었다. 응원 마켓에 들어온 사람들은 양팔 한가득 선물들과 마음 한가득 응원을 받았다. 그 사람들은 우리에게 큰 웃음과 마음을 되돌려주었다.

마음을 주고 싶은
사람들이 모이는 날

응원 마켓을 찾아준 분들 중 특히 기억에 남는 분들이 있었다.

한 부부가 찾아왔다. 남편분이 현재 암 투병 중이신데 오늘 못 올까 봐 컨디션 조절에 힘을 다했다며 웃으며 인사를 건네셨다. 내가 그간 인스타그램을 통해 아빠와의 항암 데이트를 기록했던 것들이 그분들에게 큰 힘이 되었다고 했다. 그 마음으로 본인들도 큰 응원을 받고 있었다고 하는 이야기를 하며 우리는 두 손을 꼭 쥐었다.

그러고 난 뒤 조금 쑥스러운 듯 인사를 할 듯 말 듯하며 옆에 서성이던 한 분이 계셨다. 환영의 인사를 건네니 그분이 용기를 내어 말을 꺼냈다. 인스타그램을 통해 본인이 보낸 질문에 내가 응원의 답장을 보내주었다고, 그 답장 덕분에 망설

74

이던 결정을 하게 되었고, 지금 그 어느 때보다 행복하다고, 건강해졌다고 대답하며 얼굴이 발개졌다. 우리는 무척 다행이라고, 잘했다고 함께 기뻐했다.

그렇게 한 해의 응원 마켓을 열고, 금세 한 해가 지났다. 새해 목표를 세울 때 이제는 당연한 듯 한 해의 중요한 프로젝트로 '올리부 응원 마켓' 항목이 들어가 있다. 또 해낼 수 있을까 하는 마음과 함께 꼭 해내야 한다는 마음이 공존했다. 그런 나에게 올해도 꼭 해야 한다며 의지를 북돋아주는 친구들이 있었다. 그 친구들 덕에 우리는 또 용기를 냈다. 이번에는 더 많은 사람들과 더 많은 브랜드들이 함께했다.

"파는 마켓이 아니라 주는 마켓인데요!"

기꺼이 모든 것을 주겠다고 신제품 100여 개를 고스란히 보내준 브랜드도 있고, 이날 모인 사람들에게 주겠다고 100여 개의 그릇을 구워낸 사람도 있었다. 사람들에게 주겠다며 그간 마음먹지 못했던 자신의 그림을 인쇄하였고, 드디어 첫발을 내디뎠다는 사람도 있었다. 추운 날씨에 사람들에게 따뜻한 차 한 잔을 대접하고 싶다고 하루 종일 부엌에서 수백 잔의 따뜻한 차를 만들어준 사람들, 사람들에게 따뜻한 한 입을 대접하자며 시종일관 뜨거운 오븐 앞을 지켜준 사람들이 있었다. 좋아하는 물건들과 편지들을 정성스레 쓰고 내어준 사람들도 있었다. 그리고 마음을 다해 행사를 함께 준비하고 몇 번의 밤 시간을, 몇 번의 주말을, 그리고 열두 시간이 넘도록 자리에 앉지도 먹지도 못하면서도 웃으며 사람들에게 응원을 함께 전해준 사람들이 있었다.

응원 마켓에 왔던 모든 사람들이 그 마음을 모두 받았다. 사람들을 응원한다는 것, 그것이 무엇일까. 누군가는 내가 써준 답글 하나에 흔들렸던 마음을 다잡았다고 하고, 누군가는 정말 힘들었는데 왠지 모를 힘이 다시 채워졌다고 하고, 누군가는 알지도 못할 누군가가 읽고 힘이 났으면 하는 응원의 말을 전하고, 도리어 그 응원의 마음을 내가 온전히 얻게 되었다 한다.

응원 마켓을 한 다음 날, 온몸이 부서질 듯한 근육통에 시달리는 하루를 보냈다. 할 수 있는 모든 힘을 다 쓴 날의 후유증이었다. 이 응원통을 기쁘게 누리며, 함께한 사람들이 쏟아낸 그 탄성과 감동, 흘러넘치는 마음들을 하나하나 안아본다. 사람들의 얼굴에서 웃음이 떠나질 않았다. 그 마음들이 전해져, 함께한 더 많은 사람들이 그 시간 자체가 배움이었고, 선물이었다 했다.

우리에겐
조건 없는 응원이 필요하다

우리는 태어나서 조건 없는 응원을 받던 시절이 있다. 그저 잘 자고 일어났다고 박수받았고, 입꼬리 찡긋 올리며 웃기만 해도 잘했다고 칭찬을 받았고, 팔을 뻗어 무엇인가 하나 잡으려 하니 나를 둘러싼 모든 사람들이 큰 소리로 화이팅을 외치며 응원을 해주었다. 그런 시절이 우리에게 있었다. 그러고는 어른이 되어가면서 점점 그런 응원의 시간들이 줄어든 것이 아닐까.

문득 내가 세상을 떠나게 되는 그날, 사람들에게서 이런 조건 없는 응원의 말들을 받고 떠난다면, 남겨질 나의 사람들에게 그 말들이, 그 마음들이 또다시 큰 힘이 되고 응원이 되어 그들을 살게 하겠구나 하는 생각이 들었다.

사람들은 조건 없이 받은 응원의 마음이 무척 다정하고 따뜻했다고 감사를 전했다. 그리고 그 응원을 또 누군가에게도 나누겠다고 했다. 1년에 한 번쯤은 어떤 이유도 묻지 않는 이런 무조건적인 응원과 다정함을 우리 모두가 조금씩은 마땅히 받아도 되지 않을까.

'더 큰 마음을 쓰는 어른이 되어야지.
편협하지 않고, 옳은 마음을 쓰는 어른이 되어야지.

응원하고 아끼는 마음을 아낌없이, 기꺼이 쓰는 어른이 되어야지.'

나 스스로에게 이런 응원을 전하며 1년에 하루, 그저 무조
건 응원하는 날을 또 벌여보아야지 하고 다짐한다.

1년에 한 번쯤은

어떤 이유도 묻지 않는

이런 무조건적인 응원과 다정함을

우리 모두가 조금씩은 마땅히

받아도 되지 않을까.

네가 어떤 삶을 살든
어떤 선택을 하든
나는 너를 응원해 :)

08

수백 자루의
연필을 깎았던
그 시간 동안

(#실패) (#응원)

　　어디서든 나는 서점을 그냥 지나치지 못한다. 제주
도 여행 중에 한 작은 서점에 들렀을 때였다. 책들이 진열된
서가 한편에 몽당연필이 한 무더기 담긴 바구니가 있었다. 무
료로 가져가도 좋다고 쓰여 있기에 신이 나서 한 움큼을 쥐고
는, 어째서 이 귀한 것을 나눔을 하시는지 서점 주인분께 물
었다. 그랬더니 계산대 뒤에서 몽당연필이 수백 개는 되어 보
이는 박스 하나를 더 꺼내 보여주시는 게 아닌가. 입이 떡 벌
어져서 그 연필들을 뒤적이며 그 연유를 듣기 시작했다.

너를 응원하는 마음이
온 세상에 울려 퍼지도록

몽당연필은 친구분의 딸의 것이었다. 수백 자루의 몽당연필이 그곳에 오게 된 사연은 이랬다.

친구의 딸은 미대 입시를 준비하고 있었다. 그 아버지였던 친구는 몇 년 동안 딸을 위해 언제나 손에, 주머니에 미술연필을 한 움큼씩 들고 다녔다고 했다. 입시 준비를 하느라 바쁜 딸을 대신해서, 시간이 날 때마다 틈틈이 연필을 깎아두기 위해서였다. 하루의 사이사이에 한 자루씩 연필을 쥐고 정성스레 깎아두었다가, 한 움큼을 모아 다시 딸에게 가져다주었을 아버지의 그 시간들이 상상이 되었다.

하지만 안타깝게도 딸은 그해 입시에서 실패하고 말았다. 그러자 딸은 속상한 마음에, 그간의 노력의 증거인 양 모아두었던 몽당연필들을, 그 시간의 흔적들을 모두 버려달라고 했다고 한다. 아버지는 우선 딸에게서 몽당연필 박스를 받아 오긴 했지만, 딸이 애썼던 그 시간을 차마 버릴 수가 없어서 차 트렁크에 싣고만 다니다가 이 서점에 두고 간 것이라고 했다.

"언젠가는 그토록 시간을 쏟아 애썼던 그 노력이 결실을 맺겠죠. 그 아이가 애썼던 시간과 그 아이를 응원했던 아버지의 뜨거운 마음을 그

냥 내버릴 수는 없으니, 사람들과 나누기로 했어요. 이렇게 그 흔적들을 나누어 누군가가 소중히 간직해준다면, 그것이 작은 용기를 불러일으키는 불씨가 될 수도 있으니까요."

수백 자루의 연필을 손에 쥐었던 시간, 그 수백 자루의 연필이 닳도록 애썼던 시간, 그 수백 자루의 연필을 깎았던 시간. 내 손에 쥐어진 몇 자루의 몽당연필을 통해 그 아버지와 딸의 시간들이 오롯이 느껴졌다. 본 적도 없는 그녀의 시간들을 응원하고 싶어졌다.

큰 소리로 화이팅을 외치는 응원부터, 고요한 밤 쓱싹대는 연필 깎는 소리로 존재했을 그 조용한 응원까지. 때론 이런 묵묵히 지켜내준 시간들이 켜켜이 쌓여 큰 마음을 이룬다는 것을 배운 하루였다.

너를 믿는
나를 믿어

(#응원)　(#불안)

"나 자신을 믿는다는 것, 그걸 어떻게 해야 하는지를 모르겠어요."

의도치 않았던 퇴사를 하고, 멈추어야 했던 시간들을 보내고 있던 한 친구의 절규였다. 퇴사 이후 나를 돌보는 시간을 갖자고 용기를 내는 하루하루를 보냈던 그녀는 조금씩 조급해져가는 자신의 마음에 자꾸만 지게 되는 매일 밤을 맞이했다고 했다.

실업급여를 받을 수 있는 기간도 끝나고, 이직이 쉽게 이뤄지지 않는 터에 빵집에서 아르바이트를 시작했다고 했다. 그런데 친구들과 만나 근황을 묻는 와중에 그녀는 빵집 아르바이트를 한다는 이야기를 숨기고 싶어 하는 자신을 발견했다. 그러고는 자신의 마음이 도대체 무엇인지 모르겠다며, 내가 나를 창피해하는 것 같다고 슬퍼했다.

그녀에게 나는 그 과정이 얼마나 중요한 시간인지, 빵집 아르바이트를 하는 본인이 얼마나 용감한 것인지를 이야기하며, 스스로를 믿고 기다려주어도 좋다고 그녀를 달랬다. 그런데 그녀는 '자신을 믿는 것'을 어떻게 해야 하는지 모르겠다고 하소연했다. 내가 오늘 한 선택이 옳았다는 것, 내가 내일 잘 살아낼 거라는 것을 도통 믿을 수가 없다고 했다.

응원이 필요한 사람들, 스스로를 지키고 싶어 하는 사람들을 많이 만난다. 그들은 스스로를 믿고 지켜내고 싶어 하는 마음이 있었지만, 동시에 자신을 믿는 것이 가장 어려운 상황이기도 했다. 지금의 내가 불안하기에, 지금의 나의 상황에서 벗어나고 싶기에, 흔들리는 그 마음 때문에 오히려 자신에게 집중하고 싶어 하는 사람들이다. 참 아이러니한 마음이다.

"스스로를 아직 못 믿겠다면,
네가 잘 해낼 거라고 믿는 나를 믿어봐."

그들이 나를 믿고 따르는 그 마음, 그 마음을 지렛대 삼아 본인들의 그 무거운 마음을 들어 올렸으면 하는 바람에서 나는 그들에게 이런 응원을 전한다. 그렇게 그들은 '자신들을 믿어주는 나'를 믿으면서 조금씩 일어서고 있다.

때때로 내가 나를 믿기 어려울 때, 세상에서 나를 믿어주는 누군가 한 명쯤은 찾을 수 있지 않을까. 나를 무조건적으로 믿어줄 가족, 친구, 나의 사람들. 그들을 믿어보자. 그들이 믿는 나를 믿어보자. 그렇게 한 발 나아갈 힘을 얻어보자. 그렇게 그들에게 희망의 주문을 걸어본다.

"스스로를 아직 못 믿겠다면,

네가 잘 해낼 거라고 믿는 나를 믿어봐."

10

팀장
AS

#팀장   #응원

"평생 팀장 AS 해줄게."

뜬금없는 고객 만족 메시지가 도착했다. 나의 오래전 팀장
님이 보낸 메시지였다.

그 팀으로 옮기던 시절, 나는 무척 어려운 마음을 헤매고
지나온 후였다. 부디 나에게 그저 나의 일을 사랑할 마땅한
이유가 존재하기를 바랐다. 그래서 사내 팀 간 이동이었지만,
그 어느 때보다 긴장되고 어렵게 느껴졌다.

새로운 사람들과 낯선 조직 안에서의 시작은 항상 쉽지 않
다. 여러 번 거듭해도 도통 익숙해지지 않는 시간들이다. 나

를 아직 온전히 알지 못하는 사람들에게, 나를 빨리 증명해 보이고 싶고, 인정받고 싶은 조바심이 자꾸만 마음을 성급하게 만드는 그런 때였다.

당시 나의 역할은 하나하나 혼자 해나가야 하는 일이 많은 자리였는데, 팀장님은 내 뜻대로, 내 생각대로 무엇을 해내든 잘했다고 웃어주곤 했다.

그런 팀장님이 퇴사를 했다. 팀장님으로부터 한 번도 무언가 부족하게 받았다고 생각해본 적이 없었는데, 퇴사하는 날 팀장님은 내게 그동안 아무것도 못 해줘서 미안했다고 하셨다. 그 이후 긴 시간 팀장님의 부재가 이어졌다. 그리고 몇 년 후, 나도 이직을 하게 되었다. 함께 일했던 회사를 떠나 서로 다른 회사에 몸을 담고서야 우리는 다시 만나게 되었다.

그날 팀장님으로부터 "평생 팀장 AS 해줄게"라는 메시지를 받고는, 문득 코끝이 찡해졌다. 아주 오랫동안 부재했던 나의 팀장님이 갑자기 나타난 기분이었다. 언제든 하소연하며 칭얼대기도, 기대기도 할 든든한 지지자가 생긴 기분에 큰 나무 그늘 하나를 얻은 것 같았다.

회사라는 조직을 넘어
인생의 팀장으로

팀장님의 AS는 정말 그 이후로도 계속되었다.

나는 큰 프로젝트를 마치면 아이와 함께 여행을 다녀오는 것으로 에너지의 리듬을 지켜낸다. 그날도 바쁜 프로젝트를 마치고 아이와 비행기에 올랐을 때였다. 승무원이 내게 다가와 '사전 주문 물품'이라며 상자 하나를 건네주었다. 내가 주문한 적이 없는 물건이었다.

상자를 열어보니 작은 카드 한 장과 함께 비타민과 초콜릿이 담겨 있었다. 카드에 적힌 메시지를 살폈다.

"큰 프로젝트 진행하느라 애썼어. 여행 가서 딸과 함께 마음껏 행복한 시간 보내고 와."

애썼다고 등 두드려주는 팀장님의 손길이 오롯이 느껴지는 메시지였다.

또 한번은 좀 우울한 일이 있어 커피를 마시며 쉬고 있을 때였다. 별 생각 없이 마시던 커피 사진을 찍어 인스타그램에 올렸다. 그리고 한참을 릴레이 회의가 이어져 이 회의실 저 회의실을 옮겨 다니며 일하고 있었다.

"잠깐 5분 시간 있어?"

팀장님으로부터 메시지가 날아왔다. 다음 회의가 또 기다리고 있었기에, 정말 딱 5분의 시간을 간신히 만들었다. 그리고 팀장님을 찾아 회사 1층 로비로 내려간 순간, 꽃다발을 한아름 안고 서 있는 팀장님이 보였다.

"자! 꽃 보면 괜히 다 기분이 좋아지잖아! 다시 힘내서 또 달려봐!"

그러고는 힘차게 손을 흔들며 인사하고 돌아서서 가셨다. 그렇게 나는 여전히 팀장님의 그 사려 깊은 응원과 위로를 흠뻑 받으며 자라고 있다.

나의 팀장님들. 나는 그분들의 평생 AS를 받으며 언제든지 달려가 '이렇게 힘들었어요!'라고 응석도 부리고, 커다란 마음의 응원도 받고 온다.

그렇게 나는 나의 사람들을 응원하는 법을 그들에게서 배웠다. 때론 구체적인 지적과 기술의 가르침보다 그저 따뜻한 응원을 하는 너의 지지자가 여기 있다고, 그들의 등 뒤를 든든하게 받쳐주는 것만으로도 우리는 커다란 일들을 이뤄낼 수 있다는 것을 알게 되었다.

그래서 나도 나의 팀원들에게, 평생 AS 해주는 팀장으로 남기로 마음먹었다. 우리가 한 회사에서 함께 일하든, 서로 다른 회사에서 일하든 상관없이 그들의 영원한 팀장으로 그들을 지지하고 응원하며, 그들의 마음이 나아갈 수 있는 힘을

주는 중이다. 그렇게 나는 지금 하나의 커다란 '올리부 팀'을
꾸려가는 중이다.

PART 2

안전지대를
만드는 법

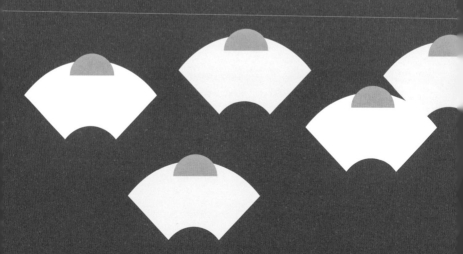

무엇이든 괜찮은

11

초보 팀장에서
진짜 팀장으로

#팀장   #일

"팀장님도 몰라요?"

그 순간에 느꼈던 그 감정이 무엇이었는지를 해석해내는
데 꽤나 오래 걸렸다. 내가 첫 팀장을 맡았던 팀은 나보다 나
이 많은 팀원, 나보다 이 팀에서 오래된 팀원, 나보다 이 일을
더 잘 아는 팀원들로 가득했던 탓에, 나에게 무척 숙제 같고
어려웠던 팀이었다.

"팀장은 어떤 사람이어야 하나요?"

종종 갓 팀장이 된 친구들로부터 "팀장이라는 역할이 너무

어려워요", "팀장을 하고 싶지 않아요"와 같은 고민을 듣게 된다. 그만큼 팀장이 된다는 것은 누구에게나 어려운 일임이 틀림없다.

팀장으로서의
첫 번째 시련

비로소 진짜 팀장의 역할을 맡게 되었던 그때, 나는 무척 떨렸고, 두려웠고, 기대됐고, 망설여졌다. 새로운 팀, 새로운 사람들이었다. 해야 할 업무도 낯설었고, 함께하는 사람도 낯설었다. 무엇부터 해야 하는지 도통 알 수가 없어서 손이 키보드 위 허공에서 갈 길을 잃고 휘휘 젓고 있는 시간이 허다했다. 모니터 앞에서 '내가 지금 뭘 해야 하는 걸까?' 하는 고민이 짙어질 무렵, 낯설었던 나의 팀원은 내게 질문을 하기 시작했다.

"팀장님 생각은 어떠세요? 팀장님 의견을 듣고 싶어요. 먼저 알려주세요."

팀원의 그 질문이 나는 무척 두려웠다. 겁이 덜컥 났다. 정답을 곧바로 자신 있게 제시하지 못하는 내가 부끄러웠다. 어떻게 이 상황을 모면할지에 대한 궁리만 머릿속에 가득했다.

손에 땀이 났다. 팀원을 쳐다보지도, 제대로 답을 하지도 못한 채 못 들은 척 그 순간을 모면하고 있었다. 다음 날부터 출근하는 내내 팀원으로부터 또 질문을 받을까 봐 마음이 조마조마했다.

며칠을 그렇게 불편하고 어려운 마음으로 출근을 했다. 그러자 내 상황을 아는 주변 사람들이 내게 조언을 해주었다. 누군가는 '무서운 팀장'이 되라고 하기도 했고, 또 누군가는 '척하는 팀장'이 되라고도 했다. 그래서 어느 날은 몸과 마음에 잔뜩 바람을 집어넣고 부풀려서 센 척, 무서운 팀장인 척도 해보았고, 어느 날은 질문을 듣고는 대충 아는 척 대답을 두루뭉술하게 던져두고 역질문으로 팀원이 답을 가져오도록 요령을 피워보기도 했다.

그렇게 시늉하는 팀장으로 얼마간을 버티다가 결국 제풀에 힘이 빠지고 말았다. 이대로 계속 갈 수는 없다는 생각이 들었다. 나는 팀장으로서 나의 역할에 대해 근본적으로 하나하나 곰곰이 생각해보기 시작했다.

회사는 나의 어떤 면을 인정하고 이 역할을 준 걸까?

나는 나의 어떤 면을 믿고 있는가?

나의 팀에서, 우리는 각각 어떤 역할을 맡아야 하는 걸까?

팀장은 정답을 가지고 있는 사람인가?

팀은 어떻게 정답을 찾아가야 하는가?

결론은 하나였다. 나에게는 시간이 필요했다. 나보다 앞서 우리 팀의 업무를 잘 수행하고 있던 나의 팀원에게서 그 일을 배워야 했다. 그간에 이 팀에서 이루어낸 일들을 존중하되, 그 안에서 우리가 해야 할 가장 좋은 일의 방식을 찾아낼 시간이 필요했다. 배움의 시간, 존중의 시간, 새로운 생각을 채울 시간이 필요했다.

나는 어쩌면 조급한 마음에 그 시간을 건너뛰려 했던 것은 아닐까. 그 팀원은 어쩌면 나를 팀장으로서 존중했기 때문에 내게 질문을 했던 것인데, 내가 그의 마음을 곡해한 것은 아니었을까. 나에게 자신이 없던 내가, 내 마음을 궁지로 몰아갔던 것은 아니었을까.

이제라도 시간을 제대로 벌어야겠다는 생각이 들었다. 내게 '팀장이 되는 시간'을 달라고 팀원에게 솔직하게 이야기하기로 마음먹었다.

팀장에게도
시간이 필요하다

"나는 이 팀에서 팀장의 역할이 무엇인지 고민하고, 그런 팀장이 되기 위해 준비하는 시간이 필요해."

팀원 앞에서 얼굴이 발개져서 이야기했던 날이다.

"나는 아직 우리 팀의 업무들을 제대로 파악하지 못했어. 그리고 우리가 함께 더 많은 것들을 해나가기 위해 어떻게 하면 더 좋은 시너지를 낼 수 있을지 고민하고 싶어. 그러니까 내게 고민하고 준비할 시간을 줘."

나는 눈물이 그렁그렁 차오른 채로, 부끄러움인지 떨리는 고백인지 모를 이야기를 이어갔다.

"그럼요! 팀장님한테도 시간이 필요하죠. 걱정 마세요. 우리는 팀이잖아요!"

오랜 고민이 무색하게도 팀원의 그 한마디에 괴로웠던 마음이 단번에 정리되었다.

'아! 팀원이 팀장을 기다려줄 수도 있는 거구나!'

좋은 팀장이 될 수 있도록 나의 팀원이 나를 도와줄 수 있다는 것, 팀장은 답을 가진 사람이 아니라 답을 함께 찾는 사람이 되면 된다는 것, 마음을 열어두어야 서로를 이해하는 팀을 만들 수 있다는 것을 깨달았다. 나의 부족한 부분을 기꺼이 드러내어 보여주자, 비로소 함께 성장할 마음을 맞댈 수 있는 여유가 생겨났다.

초보 팀장이 진짜 팀장이 되어가는 그 여정의 시작을 열어준 나의 팀원에게 나는 지금까지도 고마운 마음을 품고 있다.

첫 팀장의 순간,
우리에게 필요한 다짐

나를 포함해 첫 팀장의 순간을 맞는 우리 모두에게 다짐하는 말들을 적어본다.

팀장보다 뛰어난 능력을 가진 팀원과 함께한다면, 기꺼이 그들에게 뜨거운 찬사와 존경의 마음을 보내자. 그들의 그 멋진 능력 덕에 우리는 함께 신나게 성장하는 시간을 누리는 팀이 될 수 있다.

첫 팀장 자리를 맡았다면 가장 먼저 조바심과 위기감을 경계하자. 나를 증명해내야 한다는 조바심 대신, 팀원들이 이때까지 쌓아온 그 멋진 시간들을 존중하는 마음을 채우자. 그들의 시간을 존중하고 인정하는 자세, 그리고 그들의 역량을 진심으로 아끼는 마음으로 팀장의 역할을 시작한다면, 팀원들은 나와의 앞으로의 시간을 더욱 기대하게 될 것이다.

어딘가 부족한 점이 보인다면, 그것을 내가 해결할 수 있다는 마음보다는 나와 팀원들이 함께 이루어낼 성공들을 생각하자. 팀원 각자의 좋은 능력을 알아봐주고, 그 강점들을 기반으로 각자가 가장 큰 힘을 발휘할 수 있도록 역할을 내어주는 것, 그것으로 우리가 '함께' 해결해나가는 팀워크를 만들어가는 것이다. 나의 성과가 아니라, 팀의 성과를 함께 만들어가도록 이끄는 일, 그것이 팀장의 역할이다.

팀장은 답을 가진 사람이 아니라, 답을 함께 찾아가는 과정을 안내하는 사람이라는 것을 잊지 말자. 지금 시대는 어제의 정답으로 오늘의 문제를 해결할 수 있는 시대가 아니다. 오늘의 문제에는 오늘의 정답이 필요하다. 얼마든지 새로운 정답을 함께 찾아낼 수 있는 그런 막강한 팀, 내가 가진 답이 아니라 우리가 함께 답을 찾아가는 여정을 이끄는 그런 팀장이 되어보자.

12 나의 리더 이상형

　　　　20여 년이 넘는 시간 동안 나는 팀장의 역할을 해
왔다. 내가 이끄는 팀의 모습은 그때그때 다양했고, 그 구성
원의 형태 또한 매번 달랐지만, 그 모든 시간에 함께했던 대
부분의 사람들과 여전히 따뜻하고 끈끈한 관계로 지내고 있
다. 긴 시간 동안 나의 사람들과 함께할 수 있어서 매순간 고
맙다.

　함께 20대를 공유했던 팀원들이 어느새 결혼을 하고, 아이
를 낳고, 회사에서는 팀장이 되고, 본부장이 되기도 했다. 대
학생이던 나의 인턴들은 어느덧 30대 중반의 아저씨들이 되
었다. 여전히 그들이 나와 살아가는 시간에 대해, 일하는 시
간에 대해 고민과 즐거움을 공유하며, 그 성장의 시간을 함께

한다는 것이 나의 큰 행복 중 하나다. 때때로 그러한 오래된 팀원들로부터 언젠가 내가 했던, 바로 오늘도 내가 하고 있는 고민의 질문들을 받곤 한다.

"저보고 팀장을 맡으라는데 제가 잘할 수 있을까요?"

"팀원을 뽑아야 하는데, 어떤 사람을 어떻게 뽑아야 할까요?"

"지금은 안정적이지만, 성장에 대한 갈증이 여전해요. 이직을 해야 할까요?"

"팀원들에게 저녁 회식을 하자고 하면 꼰대 같을까요?"

이런 질문들에 답을 함께 찾으며 내가 가장 뿌듯하게 생각하는 것은, 10여 년 전 그때 그 시절 팀장의 대답이 아니라, 10여 년이 흐르는 동안 계속 업데이트되고 개선된 '오늘의 팀장'의 입장에서 조언을 들려줄 수 있다는 점이다. 참 다행이라는 생각이 든다. 내가 여전히 그들에게 좋은 답을 함께 찾아줄 수 있는 사람이어서, 또한 나 역시 그들 덕분에 새로운 답을 함께 생각해볼 수 있어서.

초보 팀장이 된 친구들에게도, 긴 시간 팀장을 해왔던 친구들에게도, 나는 우리가 안고 있는 여러 가지 고민에 대한 답을 찾기 위해 먼저 '리더'라는 존재의 본질적인 면에 대해 생각해보자고 제안한다.

나라면 어떤 리더를
선택할까?

나에게는 회사에서의 팀 말고도 제2, 제3의 팀들이 있다. 매일의 영감을 수집하는 나의 리추얼 커뮤니티를 함께 하는 사람들, 응원 워크숍을 통해 일하는 방법을 함께 고민하고 있는 사람들이 모두 나의 팀원들이다. 그중 한 친구가 이런 말을 전했다.

"제가 이 리추얼 커뮤니티를 하면서 좋다고 느낀 점은, 제 리더를 제가 선택할 수 있었다는 점이었어요. 제가 올리부 님을 나의 팀장으로 선택한 거예요."

그 이야기를 듣고 생각했다.

'만약 내가 나의 리더를 선택할 수 있다면,
당신이 당신의 팀장을 선택할 수 있다면,
어떤 사람을 선택할까?'

어떤 리더가 좋은 리더인지 막연하게 고민하고 거기에 자신을 맞추는 것이 아니라, 지금 당장 내가 원하는 리더, 나라면 기꺼이 선택할 팀장의 이상형을 떠올려보는 것이다. 그러면 우리가 리더로서 어떤 모습이 되어야 하는지 보다 구체적인 그림이 그려지지 않을까.

내 마음속 진정한 리더의 이상형.

내가 그 이상형에 가까워지는 순간,

최고의 리더가 될 수 있지 않을까.

내가 원하는 리더의 모습 1:
자신의 감정을 일에 섞지 않는 사람

나 역시 내가 원하는 리더의 모습이 있다. 그 첫 번째가 '자신의 감정을 일에 섞지 않는 사람'이다.

모든 사람은 저마다 하루의 컨디션이 다르다. 어느 날은 컨디션이 좋기도 하고, 어느 날은 컨디션이 안 좋기도 하다. 날씨가 좋아서 기분이 좋은 사람도 있고, 비가 오면 더욱 집중이 잘되는 사람도 있다. 반면에, 그래서 기분이 안 좋고 컨디션이 떨어지는 사람도 있다.

조직 또한 개인과 마찬가지로 컨디션이라는 것이 존재한다. 조직에 속한 개인들 한 명 한 명의 컨디션이 모여 조직의 컨디션을 만든다. 따라서 매일매일 그 조직의 이런저런 상태들이 와글와글 모여 결국 그 어떤 컨디션의 상태가 되는 것이다.

팀장으로서 내가 하고 싶은 역할은, 우리 팀원들이 일하는 매일의 컨디션을 최상의 상태로 만들어주는 것이다. 그렇다면 각자가 다 다른 컨디션의 날들을 보내는데 어떻게 조직의 컨디션을 일관되게 최상의 상태로 만들 수 있을까 하는 것이 나의 숙제였다.

그 첫째가, 리더의 감정이 조직의 컨디션에 투영되지 않게 하는 것이었다.

"오늘 팀장님 기분이 좋지 않아 회의 때 의견을 못 냈어요."

"팀장님 기분이 왜 좋지 않은데?"

"글쎄요. 아침부터 기분이 안 좋으시더라고요. 아침에 출근하면서 무슨 일이 있었나봐요."

팀장에게 무엇인지 모를 일이 일어나서 발생한 기분 저하 때문에 정작 조직에서 해내야 할 일들이 방해받는 상황이 벌어지고 마는 것이다.

혹은 이런 사례도 있다.

"우리 팀장님은 엄청 활발한 사람을 좋아하는 것 같아. 저 친구랑 있을 때는 농담도 잘하고 웃기도 잘 웃어. 나를 대할 때와는 확실히 다른 거 같아. 나도 이제부터라도 억지로 활발한 척을 해야 할까?"

흔히 말하는 사회생활이라는 것이, 리더의 마음에 들기 위해 내가 아닌 나의 모습을 애써 만들어야 하는 것이라면 그 사회생활을 우리가 얼마나 오래 해낼 수 있을까? 나와 다른 나로 살아내기 위해 안간힘을 쓴다는 것, 그 괴로운 생활을 우리가 버텨야 하는 것일까? 그래서 많은 친구들이 버티는 삶을 이야기하는 것일까? 그런 이유 때문인지, 내가 일을 좋아한다고, 회사 생활을 좋아한다고 하면 많은 사람들이 무척 의아한 표정으로 어떻게 그럴 수가 있냐고 반문하곤 했다.

그래서 나는 내 감정이 일에 섞이지 않도록 매 순간 노력한다. 나 역시 부족한 사람이라, 오늘도 업무를 하다가 나도 모르게 "으아! 이거 진짜 싫어!" 하고 소리를 내뱉고 말았다. 그러고는 금세 앞에 있던 팀원에게 부끄러워져서, "그래도! 이걸 또 즐겁게 해내야 맛이겠지?!"라고 너스레를 떨며 내 마음을 그들에게 전이시키지 않기 위해 애썼다.

내가 원하는 리더의 모습 2:
각자의 시간을 존중하는 사람

두 번째로 나는 '각자의 시간을 존중하는 사람'을 리더로 원한다. 여기서 시간을 존중한다는 것은 "'9 to 6'를 지키세요"와는 다소 다르다. 일하는 엄마로서 삶을 살아가는 데는 유연한 시간 운영이 절대적으로 중요하다. 재택근무를 하는 날이면, 나는 한 아이의 엄마로서의 시간과 일하는 나로서의 시간, 이 두 가지를 잘 버무려 유연하게 움직여야만 두 시간 모두를 지켜낼 수 있다.

코로나의 시대, 재택근무를 하던 부모들의 삶이 어떠했는가. 우리는 그간 우리가 누리던 보통의 점심시간과 코로나 시대의 점심시간이 다름을 고통스러운 과정을 거쳐 배웠다. 한 시간 내에 아이들의 밥을 차리고, 아이들을 먹이고, 내 밥도 챙겨 먹고, 그리고 깨끗하게 치우고 마무리까지 한다는 것은 불가능하다. 그러니 내 밥은 건너뛰기 일쑤였고, 식탁 위는 엉망진창인 채 집 안에 음식 냄새가 풀풀 나는 일이 허다했다. 몇몇 친구들은 때때로 점심시간 뒤에 회의가 곧바로 잡힐 때면 아침부터 부담이 되고 힘들었다고 토로했다. 또 엄마 아빠와 아이들이 모두 재택근무, 재택수업을 할 때면 각자 사운드가 겹칠까 봐 여기저기 구석을 찾아 사투를 벌이며 일을 하는 동료들을 보기도 했다.

우리는 그래서 긴 점심시간을 제안하기로 했다. 점심시간을 1시간 30분으로 늘려 각자의 캘린더에 본인들의 상황에 적합한 점심시간 블록을 반드시 확보해두고 온전한 식사 시간을 누리고 일하자고 했다. 누군가는 12시에서 13시 30분까지, 누군가는 11시 30분에서 13시까지. 각자의 시간에 맞게 각자의 방식으로 우리는 우리를 지켰다.

아이가 태어나고 휴직 후 업무에 복귀한 나는 '9 to 6'를 지키고 곧바로 무조건 퇴근을 했다. 저녁 7시부터 10시까지, 하루 중 단 세 시간만이라도 아이에게 온전히 주겠다는 약속을 지켜내기 위해서였다. 하지만 회사 일이란 365일 칼처럼 끝낼 수 있는 그런 일들이 아니지 않은가. 그래서 아이가 잠드는 밤 10시부터 새벽 2시까지를, 다시금 내가 집중해 일하는 시간으로 삼았다.

그러던 어느 날, 나의 밤 시간이 팀원들에게 부담을 주고 있다는 사실을 알게 되었다. 못 다한 일을 마무리하느라 그 시간에 메일을 보내기도 했는데, 내가 그 시간에 일을 하고 있다는 사실이 팀원들에게 부담으로 느껴졌던 것이었다. 아, 그런 것을 바란 건 아니었는데.

한동안 밤 시간에 일을 하지도 못하고, 메일을 보내지도 못하면서 안절부절못하는 시간을 보냈다. 그러면서 서로 다른 리듬으로 어떻게 모두가 괜찮은 일하는 시간을 유지할 수 있을까를 고민했다. 그것은 바로 서로의 시간을 존중하는 것, 그리고 그 시간을 존중하고 존중받기 위해 서로에게 분명하게 각자의 다른 리듬과 규칙을 공유하는 것이다. 나는 팀원들과 각자의 시간 리듬을 공유하기로 했다.

"나는 수요일마다 항상 재택근무를 할 거야. 회사에 출근하는 시간은 오전 10시, 그리고 퇴근 시간은 6시야. 그리고 주로 밤 10시부터 12시까지는 집중적으로 메일을 처리하고는 해."

"저는 월요일에 재택근무를 하는 것이 좋아요. 집이 너무 멀어서 월요일 출근 시간이 너무 비효율적이거든요. 그리고 전 차라리 일찍 나오는 것이 좋아요. 8시에 출근해서 5시까지 근무하고 차가 막히기 전에 이동할게요. 전 일을 해야 하는 상황이라면 사무실에서 다 끝내고 가는 것이 효율적이에요."

"전 집에서 일하면 일하는 환경을 만들기가 다소 어려워서 사무실에 나와서 일하는 것이 좋습니다. '9 to 6'를 칼같이 지키는 것을 좋아하는 편입니다. 저도 추가로 해야 할 일이 있을 때면 밤 시간에 집중해서 처리하는 것을 좋아합니다. 전 주로 밤 9시에서 11시까지 혼자 하루를 마무리하는 시간을 갖기 때문에 그 시간을 주로 활용합니다."

그렇게 우리는 서로의 시간을 이해했고, 서로의 시간이 나와 맞지 않는다고 갖게 될 무언의 부담감에서 벗어났다.

또한 우리는 커뮤니케이션의 중요도에 따른 규칙을 정하기도 했다. 대체로 각자의 업무 시간이 아닌 때에 업무 내용을 전달하기 위해서는 메신저가 아닌 메일을 활용하자라든가, 그럼에도 불구하고 너무 긴급해서 연락해야 한다면 전화를 하기 전 문자를 먼저 보내자라든지. 우리만의 규칙을 정하고 나니 서로에게 부담을 주지 않고 각자의 시간에 자유롭게 일할 수 있게 되었다.

서로가 함께하지 않아도, 언제든 각자 어떤 시간을 보내고 있는지를 서로에게 예측 가능하게 하는 것. 그것이 우리가 서로를 신뢰하고 서로의 시간을 존중하는 방식이다.

마지막으로, 조직 차원에서의 연간 계획도 반드시 미리 세워둔다. 즉, 팀 업무의 집중 강도, 일 년 중 가장 바쁜 기간이 언제인지, 중요 프로젝트를 진행해야 하는 시점은 언제인지 예상할 수 있게 하는 것이다. 큰 프로젝트가 잡히거나 출장 일정이 잡히면 모두 각자의 시간을 조정하는 준비를 한다.

　올해도 나는 365일이 한꺼번에 보이는 커다란 연간 달력에 나의 출장 일정을 1월부터 12월까지 모두 기재해두었다. 각 달마다 출장 일정이 너무 많지는 않은지, 언제가 일의 집중 강도가 높은지, 그 시기가 내 아이의 중요한 시간들과 겹치지는 않는지를 면밀히 계획한다. 그렇게 나의 가족과 우리 팀원들은 각자의 시간을 대비하고 서로의 시간을 지켜준다. 누군가는 아이의 방학 기간에 팀의 지지와 지원이 필요하고, 또 누군가는 긴 휴가를 떠날 시간을 확보하기 위해 팀의 백업이 필요하기도 하다. 우리는 서로의 시간을 존중하며 팀의 시간 계획을 짠다.

　그렇게 각자의 시간을 존중하여 그 시간들을 지켜주되, 팀으로서 함께해야 하는 시간도 지지받을 수 있도록 이끌어주는 리더, 그것이 내가 바라는 우리의 시간을 존중하는 리더의 모습이다.

내가 원하는 리더의 모습 3:

기준이 있는 사람

"팀장님 이거 빨간색으로 할까요? 파란색으로 할까요?"

한참을 들여다보다 "파란색으로 합시다!" 결정의 문장을 던졌다. 그러고는 돌아서서 왜 파란색이어야 했는지를 설명하기 위한 답들을 주워 담았다. "더 선명해 보이니까, 현재 배치된 다른 색들이랑 대비되어서 무척 강조되어 보이니까" 같은 결정을 뒷받침할 만한 대답을 찾는다.

그렇다고 해도 누군가가 "빨간색이 더 낫겠는데요!"라고 이야기하고 같은 이유를 들어도 마땅할 것 같다는 생각이 들었다. 우리가 무엇인가를 결정하는 과정에서 누군가의 감이나 취향 등 명확하게 제시할 수 없는 그런 '느낌적인 느낌'으로 결정을 내린다면, 과연 그 결정을 모두에게 합리적으로 납득시킬 수 있을까? 이런 생각에서 출발해 우리는 명확한 기준을 세우기 시작했다.

우리 팀은 이벤트를 진행하며 판촉물을 만드는 경우가 많은데, 그 과정에서 수많은 '결정 문제'가 잇따른다.

"이번에는 굿즈로 노트북 파우치가 좋을까요, 아니면 다이어리가 좋을까요?"

"아이템 시안이 나왔는데 동그라미로 갈까요, 세모로 갈까요?"

이처럼 우리가 결정을 내려야 하는 대부분의 문제에는 정답이 없다. 만약 결과가 어느 쪽으로 정해지든 간에 한 개인에 의해서 결정된다면, 개인적인 취향이 개입될 여지가 더욱 커진다. 물론 어딘가에 천재적인 리더가 있어서, 그가 하라는 대로만 했더니 성공하더라, 하는 그런 성공 신화도 존재할 수 있다고 생각한다. 하지만 실제 조직에서는 그런 천재적인 리더가 있기 보다는 모두가 함께 만들어내야 하는 그런 보통의 팀들이 더 많지 않을까.

합리적이고, 공정하고, 합당하고, 온전한 결정을 내리기 위해서는 어떻게 해야 할까? 간단하다. '정답이 없는 문제를 판단할 때의 우리의 기준'을 세우면 된다.

우리 팀의 경우에는 판촉물 등을 제작할 때의 우리만의 기준이 있다.

첫째, 한국의 소규모 로컬 비즈니스여야 할 것.

둘째, 해당 이벤트 주제와의 연결성이 존재할 것.

셋째, 제품 제작 시 해당 브랜드가 온전히 드러날 수 있도록 할 것.

넷째, 지속 가능성, 다양성, 포용성의 관점에서 평가해볼 것.

확실한 기준이 모두의 앞에 놓이면 회의는 언제나 명료해지고 빠르게 결론을 내릴 수 있게 된다. 또 한 가지 중요한 점은 팀장이 자신의 기준이 아닌, 모두가 합의한 기준을 중심으로 판단한다는 것을 팀원들이 알고 있기 때문에 연차와 상관없이 서로 자유롭게 의견을 나눌 수 있게 된다는 것이다. 수평적인 소통에서 참신한 다양성이 나오는 것은 물론이다.

사람들이 원하는 리더의 모습은 다른 곳에 있지 않다. 내가 만약 나의 리더를 스스로 고를 수 있다면 어떤 사람을 선택할지 생각해본다. 내가 바라는 리더의 모습이 내가 된다는 것, 그것이 내가 좋은 리더가 될 수 있도록 노력하는 방식이다.

나의 리더 이상형에 가까워지는 그날까지.

사람들이 원하는 리더의 모습은

다른 곳에 있지 않다.

내가 바라는 리더의 모습이 내가 된다는 것,

그것이 내가 좋은 리더가 될 수 있도록

노력하는 방식이다.

13

본질을
일깨워주는
페이스메이커

#리더의역할   #조언
#마음관찰

"역시! 언니 응원을 받으면 내가 이렇게 결심할 줄
알았어!"

한 친구가 응원이 필요하다며 전화를 했다. 회사를 잘 다니
고 있는데, 갑자기 리쿠르터에게 연락을 받고 나니 이직에 대
한 생각이 들기 시작했다고 했다. 하지만 지금 회사를 그만두
어야 할 이유가 많지 않은 것 같아서 고민이라는 이야기였다.

"그렇다면 이직에 대한 생각이 들기 시작한 이유는 뭐야?"

질문을 하자마자 대답이 쏟아졌다.

"새롭게 제안받은 일이 재미있어 보여. 그 회사 사람들을
다섯 명이나 만났는데, 그 사람들하고 이야기하는데 너무 신
이 나는 거야. 그 사람들이랑 같이 일하면 정말 좋겠다는 생

각이 절로 들었어. 그리고 거기를 가면 이때까지 내가 배운 많은 것들을 더욱 다양하게 쓸 수 있을 것 같다는 생각이 들었어!"

그녀의 목소리에는 이미 흥분이 가득했다.

"그러면 지금 회사를 그만두지 말아야 하는 이유는 뭐야?"

"이미 인정도 받았고, 지금 이대로라면 회사 생활은 어려움도 없고, 누가 나에게 뭐라 하지도 않는걸. 그리고 여긴 복지도 좋고."

하지만 그녀의 목소리는 조금 전의 흥분이 싹 사라진 상태였다.

'아, 이 친구는 지금 이직을 하고 싶구나. 새로운 곳에서의 시간이 기대가 되는구나' 하는 생각이 들었다. 그렇다면 내 응원의 방향은 분명했다.

"옮겨야겠네! 너무 신나겠는걸! 거기 가서 시간이 또 지나면 그곳에서도 지금처럼 인정받을 거고. 회사 생활은 언제나 어려운 때가 있는가 하면 안정된 때가 오기도 하는 거고. 누가 뭐라 하건 내가 하고 싶은 일을 해야지. 그곳에서의 일이 정말 너를 빛나게 해줄 것 같은데!"

이미 그들의 마음속에 있는 답, 나는 그 마음을 읽어줄 뿐이다.

응원의 시작은
마음을 읽는 것

나의 응원은 그들의 답을 알아차리는 것에서부터 시작한다. 그들의 마음을 잘 관찰하는 것이 응원의 시작이다. 우리는 매 순간 고민하고 선택한다. 그 선택을 하는 데 있어 종종 자신의 마음이 잘 보이지 않을 때가 있다. 그럴 때 누군가 그 마음을 알아채고 대신 답을 해주면 그 마음이 더욱 선명해진다.

그래서 나는 그들의 마음을 알아차리기 위해 온 마음을 다해 그들이 찾고자 하는 그 마음을 함께 들여다본다. 모든 순간에 선택의 답은 사실 내 안에 있다. 하지만 때때로 그 마음의 본질은 순간의 조급함에 가려져 보이지 않을 때가 있다. 그 본질을 잊지 않도록 옆에서 툭 한 번 어깨를 두드려주는 것. 그것이 우리가 해야 할 역할이 아닐까. 결국 그들 스스로가 가진 답을 꼭 쥐고 나아갈 수 있도록 조력하는 것, 그것이 그들의 질문 앞에 선 우리의 역할이다.

응원했던 모든 선택들이 다 성공적이지는 않았다. 때론 그 선택을 한 것을 후회한다고, 그때 그 선택을 하지 말았어야 했다며 속상해하는 친구들을 마주하기도 한다. 그럴 때면 나는 그 선택은 너의 이 후회를 위해서라도 했어야 하는 선택이라고 이야기해준다.

모든 선택은 최선의 선택이다.
하지만 모든 최선의 선택이 다 최고의 선택이 되지는 않는다.

나는 지금까지 다섯 번의 이직을 했다. 이직을 선택하던 순간, 나는 그 순간 할 수 있는 최선의 선택을 했다. 어떤 선택은 용감한 선택이었고, 어떤 선택은 생존의 선택이었고, 어떤 선택은 무모해도 좋다는 허용의 선택이었으며, 어떤 선택은 나의 순수한 열망만을 좇아 한 선택이기도 했다. 모든 선택들이 성공적인 결과를 가져온 것은 아니다. 무모하고 용감했던 선택의 결과는 회사가 망하는 것으로 결말이 났고, 절망으로부터 도망쳤던 선택은 가장 행복한 성장을 누렸던 해피 엔딩이 되기도 했다.

다시 그때로 돌아간다면 다른 선택을 하겠냐는 질문을 받을 때면, 나는 무척 단호하게 같은 선택을 할 것이라고 답한다. 나는 당시 그 선택을 앞두고 가졌던 나의 최선의 마음을 믿는다. 나를 위해 했던 최선의 선택이었기에 나는 그 선택 이후의 모든 시간에 최선을 다해, 그 선택을 믿고 지지했다. 그 결과가 새드 엔딩이 되었어도 그 선택을 하고 최선을 다했던 그 모든 시간들을 부정하지는 않았다.

나는 누군가의 선택을 응원한다. 그 선택으로부터 이어질 성공도, 실패도 모두 응원한다. 나는 우리 모두 스스로가 가졌던 그 최선의 마음을 믿기를 응원한다.

14

나의
100세 플랜

#리더   #조언   #프로다움

　　나의 넷플릭스 목록에 〈최강야구〉 타이틀이 뜬 지
는 한참 되었다. 누군가 야구를 좋아하냐고 물으면, "야구장
가는 걸 좋아해요" 하고 대답한다. 야구장에 가서 큰 소리로
응원하고, 맛있는 것 먹고, 환호하고 아쉬워하며 많은 사람들
과 한마음을 누리는 시간을 즐긴다. 그뿐이지 야구 자체를 좋
아해서 경기 중계를 챙겨 보거나 하지는 않았다.

　그러던 나에게 우리 팀의 막내가 "올리부 님이 진짜 좋아할
거예요"라며 〈최강야구〉를 거듭 추천했다.

　"〈최강야구〉는 그냥 야구 방송이 아니에요. 이번에 출장 가
실 때 비행기 오래 타실 텐데, 꼭 다운로드해서 비행기에서
보세요. 꼭이요!"

프로그램을 열어보니 방영 편수가 벌써 50여 편이 훌쩍 넘어간 상태였다.

'아니, 야구라는 콘텐츠로 몇 년 동안 계속 프로그램을 만들 수 있단 말이야? 야구 경기 몇십 개를 본다는 것이 가능할까? 무슨 이야기가 있길래?!'

호기심이 들었다. 그렇게 출장길을 시작으로 프로그램 정주행을 시작했다가 그만 푹 빠져들고 말았다. 정말 〈최강야구〉는 그냥 야구 방송이 아니었다. 그건 스포츠이자 예능이었고, 다큐멘터리이자 드라마였다. 매 편마다 나는 그들과 함께 울고 웃었다. 그리고 나 역시 이제는 주변 사람들에게 〈최강야구〉를 꼭 보라고 추천하는 열혈 팬이 되었다.

선배가 후배를 대하는
마음과 태도에 관하여

〈최강야구〉는 정근우, 박용택, 이대호 등등 한때 마운드를 호령했던 기라성 같은 은퇴 선수들이 한 팀이 되어 현직 고교 야구부, 대학 야구부, 프로 야구 2군 선수들 등과 경기를 펼치는 프로그램이다. '야구에 미친 자들의 모든 걸 건 진검승부'라는 프로그램 카피처럼, 정식 프로 경기는 아니지만 선수들이 경기에 임하는 자세는 여느 때 못지않게 아주

진지하다. '최강 몬스터즈'라는 은퇴 선수들의 팀이 7할의 승률을 유지하지 못하면 프로그램이 폐지된다는 설정을 가지고 있어, 〈최강야구〉의 열혈 팬들은 매 화마다 손에 땀을 쥐고 그들을 응원한다.

이 프로그램의 또 다른 재미는 출연진과 상대 팀의 치열한 승부 뒤에 숨은 관계성에 있다. 은퇴한 선수들은 자신들의 야구 인생과 명예를 위해 경기의 모든 순간 최선을 다해야 하고, 또 상대 팀들은 아직 프로가 되지 못한 젊은 선수들인 만큼 기회가 절실하다. 어느 한쪽도 물러설 수 없는 팽팽한 긴장감 속에서 경기가 진행되지만, 그 속에는 자신의 우상이자 롤 모델인 선배들에 대한 존경과 앞으로 한국 야구를 이끌어 나갈 후배들에 대한 응원과 격려의 감정이 뒤섞여 있다. 어쩌면 이것이 우리가 살아가는 모습에 대한 은유가 아닐까. 내가 매번 큰 감동을 느끼는 부분도 바로 이 지점이다.

나는 지금도 내가 사회 초년생이었을 때와 마찬가지의 마음과 애씀으로 일을 마주한다. 그때의 나와 지금의 내가 다른 점이 있다면, 그때의 나는 그저 나 하나 잘하는 것에 집중하는 것만으로도 충분히 벅찼다면, 지금의 나는 나뿐 아니라 나의 팀원과 동료들, 더 넓게는 내가 응원하는 많은 브랜드들과 그들을 운영하는 많은 사람들, 일을 좋아한다고 고백하며 일하는 즐거움을 이야기하고 싶어 하는 모든 사람들을 응원하고 격려하며 나의 최선이 그들의 최선이 될 수 있기를 희망하는 마음으로 일을 마주한다는 것이다. 이런 나의 마음들이 〈최강야구〉 속 은퇴 선수들의 모습에서 자꾸 보였다.

특히 조선의 4번 타자 이대호 선수가 등장할 때면 많은 아마추어 선수들은 그 거대한 존재감에 바짝 긴장하고, 더불어 이 영광스러운 기회에 대한 기대에 가득 찬 모습을 보인다. 그들의 우상이자 롤 모델과 한자리에 함께할 수 있다는 것만으로도 후배 선수들이 그런 설렘을 느끼고 잘하고 싶어 하는 의지를 불태운다는 것이 무척 인상적이었다. 우리 선배들이, 리더들이 후배들에게 어떤 존재여야 하는지, 그리고 어떤 영향을 미칠 수 있는지에 대한 단서였다. 그저 내가 존경하는 이 사람과 함께이기 때문에, 매일 하던 훈련도 더욱 특별했을 테고, 매일 서던 마운드도 더욱 특별했던 것이다.

이대호 선수는 거대한 선배답게 1루에서 수비를 보고 있다가도, 상대 팀 선수가 공을 잘 쳐서 1루에 들어오면 꼭 "잘했다", "좋았다" 하고 칭찬을 잊지 않는다. 본인이 공격을 하러 타석에 설 때도, 상대 팀 포수에게도 "수고한다", "잘하고 있다" 하고 격려의 말을 건넨다. 그러면서도 막상 타석에서 그는 최선을 다하여 승부욕을 불태운다. 어느 경기에서는 4연타석 홈런을 치기도 했다. 함께 대적했던 고등학교 선수들은 그들의 패배를 아쉬워하기보다, 선배들이 최선을 다한 그 모습에서 더욱 많은 것을 배우고 동기부여가 되었을 것이 당연했다.

선배로서, 내가 후배들에게 보여줘야 하는 모습. 바로 그들과 같이, 모든 순간에 나의 최선을 다하는 것, 그리고 그 과정에서 후배들을 격려하고 응원하는 일을 잊지 않는 것. 나의 최선을 통해 그들이 배우고, 나의 격려와 응원을 통해 그들이 힘을 얻기를 바라는 것. 그것이 내가 〈최강야구〉에 매료된 이유다.

나의
100세 플랜

한편 〈최강야구〉에는 진짜 최고 선배가 있다. 2022년 10월, 81세의 나이로 50여 년 경력의 프로 야구인으로서 은퇴한 '야구의 신' 김성근 감독이다. 그는 다른 은퇴 선수들과 함께 〈최강야구〉 시즌 2에 여든이 넘은 나이에 합류한 것이다.

나는 종종 '100년의 삶의 계획표'를 갖고 있노라고 이야기한다. 나의 인생을 20년씩 나누어 100세까지의 삶을 그려본 것이다. 첫 20년인 스무 살 때까지는 가족과 학교로부터 내가 갖추어야 할 자질과 지식, 삶의 태도들을 배웠다고 한다면, 스무 살부터 마흔 살까지의 나는 내 발로, 내 손으로 내가 선택한 것들을 익히고 배우며, 그 선택을 통해 내가 이루어낸 많은 것들로 나를 이루었던 시기다. 마흔이 되었을 때에야 비로소 나는 내가 완전하게 '갖추어졌다'라는 마음이 들었다. 지식, 경험, 경력, 그리고 마음 자세 등 나의 깜냥이 만족할 만한 경지에 이르렀다는 생각이 들었다.

그렇다면 마흔부터 예순의 나이까지는 내가 갖춘 이 능력들을 최대한 활용하여 내 인생에 이룰 수 있는 많은 것들을 이뤄내는, 맥시멈 스피드의 시절을 보내겠다 마음먹었다. 그리고 예순부터 여든까지는 그 맥시멈 스피드의 시절 동안 선명해진 한 가지를 택하여 사명을 다하는 생산의 시간을 살아내겠다고 다짐했다. 그리고 여든부터 백 살까지는 그간의 내 삶에서 얻은 사람들을 살피고 아끼는 일들로만 나의 시간을 보내리라는 기대를 품었다. 이것이 내 삶의 100세 플랜이다.

이런 나에게 여든이 넘은 나이로 〈최강야구〉라는 프로그램에 참여하여 보여주는 김성근 감독의 모습은 내가 기대했던 그 모습 그대로였다. 자신의 삶 속 사람들을 살피고 아끼는 마음으로 그 자리에 선 어른, 프로그램이 진행된 수백 일 동안 가장 많이 훈련에 참여한 사람이 바로 김성근 감독이었다. 그렇게 마음을 다해, 최선을 다해 그 자리를 지켜주는 어른의 모습이었다. 어른의 자리, 어른의 마음, 어른의 역할. 그를 통해 배우는 많은 순간들이 곧 나의 순간이 될 것이라는 생각이 들었다.

"돈을 받는다는 건 프로라는 뜻이다.

시합에서 이겨야 하고,

시합을 봐주는 관중들에게 즐거움을 안겨줘야 한다.

프로라면 시합에 나가는 매 순간에 그런 의식이 필요하다."

무척 마음이 뜨거워졌던 장면이었다. 그의 그 진짜의 마음에 화면 속 모든 선수들이 한순간 진지해졌다. 김성근 감독은 평소에 팬들에게 사인을 해줄 때 '一球二無(일구이무)'라고 쓴다고 한다. '공 하나에 최선을 다할 뿐 다음은 없다'는 그의 좌우명이다. 다음 기회가 올 거라는 생각을 하지 말고 지금 당장 할 수 있는 최선을 다하라는 그의 말에는 해이해지는 마음을 단단히 붙드는 힘이 있었다. 〈최강야구〉가 그저 단순한 예능이 아니라, 다큐멘터리이자 드라마이기까지 한 이유다.

〈최강야구〉에서 모든 선수들은 정말 경기를 뛰고 싶어 한다. 은퇴했던 자리에 다시 서 관중들의 뜨거운 지지와 응원을 받으며 서 있을 때면 그들의 눈시울도 뜨거워지고, 그들의 가족도, 보는 우리도 뜨거워진다. 그저 운동장에 서 있는 그들의 모습일 뿐인데 눈물이 난다. 촬영을 위해서가 아니라, 경기를 위해서 그들은 경기가 없는 날에도 훈련을 한다. 선수들이 몸을 날려 슬라이딩을 하고, 공을 잡으려고 달려가다가 넘어지는 모습들에, 마음먹은 대로 따라주지 않는 체력과 실력에 안타까워하는 그들의 모습까지, 〈최강야구〉의 많은 순간에 자꾸만 울컥울컥 감동을 하고 만다. 바로 그들이 프로로서 진짜의 모습을 보여주기 때문이다.

나도 그들처럼 나의 100세까지 진짜 프로로서 온 마음을 다해, 최선을 다해 나의 자리를 지키고 싶다고 다짐한다.

15

인생의
전성기

종종 시간의 상대성에 대해 생각하게 된다. 절대적이고 불변할 것만 같은 시간이라는 개념이 사람에 따라, 상황에 따라 얼마나 다른 속도로 흘러가는지.

〈최강야구〉의 출연진이 은퇴한 선수들이라고는 하지만, 이들은 고작 삼사십 대의 한창인 경우가 대부분이다. 운동선수들은 일반인보다 신체와 능력을 빨리 소진하는 탓에 은퇴 시기도 유독 이르다. 그런 그들이 은퇴 후 느꼈을 그 상대적 시간의 차이를 생각해보았다. 여전히 현재의 이야기를 써 내려가야 마땅할 젊은 그들이 자신의 가장 빛나는 시기를 과거로 이야기해야 한다는 것은 어떤 마음일까. 아이에게 은퇴 이후의 모습만을 보여줄 수밖에 없다는 것은 어떤 아쉬움일까.

인생의 전성기는
언제일까

재작년 아빠의 항암 치료를 위해 아빠와 매주 병원에 가던 일을 우리는 데이트라고 불렀다. 아빠와 딸의 오붓한 데이트. 나는 아빠와 서로의 인생에 대해 이야기를 나누던 그 시간이 정말 좋았다. 우리는 각자의 인생과 우리가 함께했던 시간들을 기억해내며 좋은 이야기를 나누었다.

"아빠, 아빠 인생의 전성기는 언제야?"
"일본 지사장으로 갔을 때가 전성기였지 않았나."

아빠는 인생의 전성기를 묻는 내 질문에 모처럼 기분 좋게 그 시절을 회상하며 이야기를 들려주었다. 내가 중학생이 될 무렵, 아빠는 가구 회사의 일본 지사장으로 발령을 받아 혼자 3년간 일본에서 생활을 하셨다. 가족들과 떨어져 있어서 무척 힘들었지만, 그때가 인생에서 가장 이룬 것이 많고 가장 크게 성장했던 때였다고 아빠는 말했다.

나는 그때의 아빠를 선명하게 기억한다. 아빠가 얼마나 커 보였는지, 내 마음속에 자리한 커다란 아빠의 모습을 떠올렸다. 방학을 맞아 일본에 아빠를 만나러 갔을 때 느꼈던 그 뿌듯하고 자랑스러웠던 마음. 나는 어려서부터 종종 아무 용건도 없이 아빠 회사로 전화를 걸곤 했다. 수화기 너머의 직원에게 아빠를 바꿔달라고 이야기하면서 아빠에게 전화가 건네어질 때 느꼈던 자부심. 그 마음들이 아직도 또렷하게 든든한 마음으로 남아 있다.

한편 나의 기억 속에는 또 다른 아빠의 모습들이 있다. 퇴근길에 우리 세 딸의 머리끈을 사 가지고 오던 아빠. 피아노를 배우기 시작한 내게 신청곡을 부탁하시고는 흐뭇하게 내 피아노 소리에 발을 까닥이며 리듬을 타시던 아빠. 내가 다니던 회사가 폐업하고 절망에 빠져 있을 때 "회사가 망한 거지 네 삶이 망한 건 아니잖니" 하고 조용히 힘을 건네주던 아빠. 팔꿈치에 큼직한 혹이 생기도록 책상에 팔을 얹고 수많은 책을 읽던 은퇴 후의 아빠. 덜렁거리는 우리 가족들을 대신해 꼼꼼하게 마늘을 까주고 생선 뼈도 발라주던 섬세하고 다정한 아빠. 어느 하루도 빠짐없이 당신의 일상을 기록한 수십 권의 일기장을 남겨둔 아빠.

아빠는 아빠가 가장 크게 성장했던 순간을 당신의 전성기라고 기억하지만, 나는 내가 기억하는 아빠의 또 다른 시간들마저도 찬란한 아빠의 전성기라고 생각한다. 어쩌면 인생의 전성기란 그러한 소소한 일상의 매일매일이 아닐까. 최고로 성공했던 순간이 아니라, 오늘 하루 나와 사랑하는 사람들에게 최선의 마음을 다하는 시간들이 우리 인생의 하이라이트가 아닐까.

"아빠, 우리를 위해 최선을 다해줘."

자꾸만 잠만 주무시는 것이 이상해서 병원에 간 것뿐인데, 아빠의 몸에 암은 이미 폐와 간과 대장까지 전이가 되었다고 했다. 나는 망연자실했다. 그렇지만 절망하고 있을 시간은 없었다. 아빠와 다른 가족들까지 무너지지 않도록 우선 나부터 정신을 차려야 했다. 나는 최선을 다하는 시간을 보내야 한다고 스스로를 흔들어 깨웠다. 때론 스스로의 최선이 나를 위해서가 아니라, 누군가를 위해 존재해야 하는 때가 있다.

"아빠, 우리는 이제 서로 삶의 최선을 다하는 시간을 갖게된 거야. 아빠가 우리에게 최선을 다해주었던 그 시간만큼 우리도 아빠에게 최선을 다할 수 있는 시간을 줘. 한 번만 더 최선을 다해줘."

자꾸 이만하면 그저 되었다고, 입원도 수술도 하지 않겠다는 아빠에게 내가 할 수 있는 설득은 그것밖에 없었다.

그렇게 아빠는 우리를 위해 마지막으로 한 번 더 최선을 다해주었다. 고통스러운 항암 치료를 견디는 아빠를 보며, 나는 스스로에게 다짐했다.

"아빠, 나도 최선을 다할 거야. 내 삶의 무엇도 포기하거나

망가뜨리지 않게 그렇게 매일매일 최선을 다해 해낼 거야."

나는 앞으로 마주할 커다란 상실의 시간들을 그저 두려워하며 기가 질려 아무것도 못하는 그런 삶으로 내버려두지 않기로 했다. 그 어떤 괴롭고 아픈 순간이 다가온다 하더라도, 마지막 순간까지 내가 할 수 있는 일을 포기하지 않고 해내기로 했다. 내가 아빠에게 최선을 부탁했던 그 시간처럼, 나 역시 그런 날들을 살아가기로 말이다.

아빠가 마지막으로 최선을 다해 버텨준 시간은 그리 길지 않았다. 그러나 한 달 남짓이라는 그 짧은 시간 동안 나는 그어느 때보다도 아빠와 많은 대화를 나눌 수 있었다. 매주 금요일의 항암 데이트 날이면 우리는 병원을 오가는 동안, 어떤 삶이 좋은 삶인지에 대해 이야기를 나누었다. 인생의 한가운데에 서 있는 내가, 삶의 마지막 문턱에 서 있는 아빠와 '살아간다는 것'에 대해 나누었던 그 대화 속에는 온통 따뜻한 칭찬과 다정한 격려가 가득했다. 그렇게 아빠는 내게 가장 값진 선물을 남겨주셨고, 나는 그 시간 또한 아빠의 전성기, 그와 우리의 삶의 하이라이트라고 생각한다.

매일이
삶의 하이라이트가 되도록

〈최강야구〉의 한 장면에 응원석에 앉은 아이들이 담겼다. 아이들이 아빠가 친 안타에 방방 뛰며 좋아하고 있다. 그 옆에는 선수들의 부모님도 앉아 있다. 아들이 마운드에서 아직 공도 던지지 않았는데 이미 어머니는 눈물을 흘리며 두 손을 마주 잡고 있다. 한 선수의 아내는 남편이 공을 던지는 내내 눈을 질끈 감고 기도하거나 주변 사람들에게 함께 응원해주어 고맙다고 연신 인사를 한다.

이 은퇴 선수들은 사랑하는 사람들에게 지금, '최고일 때'가 아니라 '최선을 다하는 모습'을 보여주고 있다. 한때 어마어마했던 대선수들이 고등학생들에게도 지고, 어처구니없는 실수도 한다. 그럼에도 불구하고 그들은 정말 진지한 마음으로 승리를 다짐하며, 지금 할 수 있는 최선을 다해 공을 던지고 배트를 휘두른다. 최고의 결과가 나오지 않더라도 멈추지 않고 경기를 해나간다. 그렇게 두 번째 기회, 세 번째 기회에도 최선을 다하고 있는 그들의 그 시간은 역시나 그들의 전성기다.

나는 우리에게 주어지는 두 번째 기회, 세 번째 기회, 그렇게 거듭되는 수많은 기회들을 좋아한다. 매일매일 새로운 오늘이 시작된다는 사실, 그리고 언제나 내일이 기다리고 있다는 사실이 감사하다. 한 주가 끝나면 다음 주가 찾아오고, 한 달이 지나면 다음 달 1일이 된다는 것은 얼마나 기적 같은 일인지.

살아만 있다면 우리에게는 매일 새로운 오늘이라는 기회가 주어진다. 지금 최고가 아니어도 괜찮다. 우리가 매일의 하루에 최선을 다하는 한 그 모든 순간이 우리 인생의 하이라이트이기 때문이다.

i miss you
i miss you
i miss you
i miss you
i miss you
i miss you
i miss you
i miss you
i miss you
i miss you
i miss you
i miss you
i miss you
i miss you
i miss you
i miss you
i miss you
i miss you

지금 최고가 아니어도 괜찮다.

우리가 매일의 하루에 최선을 다하는 한

그 모든 순간이 우리 인생의

하이라이트이기 때문이다.

16

애써
꺼내놓아야
하는 것들

#여성리더십

"여성 리더십이요? 왜 달라야 하죠?"

나는 종종 인터뷰 대상자들에게 '여성 리더십이 나에게 갖는 의미'에 대해서 질문을 던진다. 30대부터 40대까지 여성과 남성이 고르게 섞인 인터뷰 대상자들에게 동일하게 들은 첫 대답은 이것이었다.

"왜 달라야 하죠? 여성이나 남성이나 리더십이라면 같은 것 아닐까요?"

그 대답들이 반가우면서도, 한편으로 그 대답들이 슬프기도 했다.

아직 부족한
'여성'이라는 타이틀

　나에게 '여성 리더십', '여성 리더', 애써 꺼내놓아야 하는 '여성'이라는 단어가 특별해진 것은 나의 딸이 여덟 살이 되던 해부터였다.

　그해 시진핑 주석이 취임 후 처음으로 미국을 방문하면서, 시애틀 마이크로소프트 본사에서 열린 미중 인터넷 산업 포럼에 참석했던 일이 있었다. 수많은 IT 기업인들이 한자리에 모였고, 나는 출장차 그곳을 방문했다가 우연히 그 분주한 장면을 마주하게 되었다. 마침 나의 그녀와 함께 오른 출장길에 얻은 행운이었다. 시진핑 주석은 물론이고 마크 저커버그, 마윈, 사티아 나델라, 팀 쿡 등 쟁쟁한 IT 기업인들이 눈앞에 있다는 사실에 두근대고 있는데, 아이가 내게 물었다.

"엄마, 그런데 저기에는 왜 저렇게 남자들만 많아?"

　그러고 보니 그곳에 모인 30명의 리더들 중에 여성은 딱 두 명뿐이었다. 그 전까지는 미처 눈치채지 못하고 있었는데, 아이의 질문을 듣고서야 그 사실이 눈에 들어왔다.

　왜 여성 리더들이 적을까? 그날 이후 나는 이러한 '불균형'의 이유를 찾기 위해, 무엇보다도 해결책을 찾기 위해 '여성

리더십'이라는 단어를 애써 꺼내야만 했다. 지금 시대에 '여성 인권', '여성의 날(Women's Day)', '여성 그룹(Women Group)' 등이 따로 존재하는 이유는 무엇일까? 그 이유에 대해 나는 아직은 불균형에 대한 노력이 '조금 더' 필요한 시대이기 때문이라고 생각한다.

균형을 보여주는 것의
중요성

"여성 스피커가 너무 적은데요?"

몇 달을 준비하고, 며칠을 잠을 못 자며, 운동화의 밑창이다 닳도록 뛰어다니며 준비했던 프로젝트 행사가 마무리되었다. 그렇게 끝까지 최선을 다했음에도 불구하고, 부족한 부분들, 아쉬운 부분들이 남는다. 이 모든 것이 우리의 성장을 위해 필요한 것들이라 생각하고, 매 순간 다음을 다짐한다.

그해의 프로젝트를 마치고 다 함께 회고를 하면서, 그 어느 때보다 어려운 질문들을 더 많이 받았다. 첫날, 무대에 오른 스물네 명의 스피커들 중에서 여성 스피커가 고작 네 명에 불과했다는 점이 가장 뼈아픈 지적이었다. 어쩌면 행사에 참가했던 사람들 중 누군가는 내가 수년 전 시애틀에서 느꼈던 그 불균형의 불편함을 고스란히 느꼈을 수도 있겠구나, 그런 생각이 들자 심장이 철렁했다.

우리의 프로젝트는 그해의 주제에 따른 이야기를 묶어내고, 흐름을 만들고, 그 각각의 이야기에 걸맞은 스피커들을 찾아내고, 공감하고 공유하는 과정으로 준비 작업이 이루어진다. 그 과정에서 그 어느 때보다 갈등을 느꼈던 한 가지가 바로 '여성 스피커의 비중'에 대한 불균형이었다. 그 불균형을 극복하기 위한 노력을 게을리하지 않았음에도 여전히 무대 위에서 균형이 보이지 않았다는 사실이 가장 마음 아팠다.

"그만두지 말아요. 꼭 계속 있어주셔야 해요."

"우리는 우리 스스로가 너무 많이 포기했나 봐요. 절대 포기하지 말고 있어주셔야 해요. 그래야 여성들이 존재했던 많은 시간들을 이야기

할 수 있을 테니까요!"

내가 여성 후배들에게 들어온 이야기다. 내가 절대로 포기하지 않아야 하는 이유, 더디더라도 한 걸음 더 나아가야 하는 이유다.

그해의 그 뼈아픈 피드백에 우리는 한 걸음 더 나아갈 이유를 얻었다. 많은 조직들이 앞다투어 다양성 포용에 대한 노력들을 과시하듯 보여준다. 어떤 노력들은 진정성이 떨어진다고 뭇 대중들의 비난을 얻기도 한다. 하지만 나는 그것의 시작이 무엇 때문이건, 그것이 해결책으로서 얼마나 부족하건간에, 그들이 작게라도 움직인 그 변화의 한 발자국에 큰 박수를 보낸다. 그렇게 해서 다음 발, 또 다음 발을 내디딜 수 있기를 응원한다.

내가 포기하지 않고 작은 한 걸음을 이어가는 일이 의미 있다고 믿는 것처럼.

17

더 좋은 어른이
되어야 하는
이유

#리더   #영향력   #성장

    오후 나절, 사랑하는 팀원이었던 친구의 오타 가득하고 황망한 메시지를 받았다. 갑작스럽게 아버지가 돌아가셨다는 그녀의 메시지에 주저 없이 뛰어나갔다. 그 친구에게 가는 다섯 시간이, 마치 닷새나 되는 것처럼 마음이 조급하기만 했다.

  빈소에 도착해서 안으로 들어가는 길에 눈을 마주친 그 친구는 내게 달려와 안겨서는 큰 소리로 울기 시작했다. 우리는 그렇게 서로 끌어안고 슬픔을 나누었다.

좋은 어른으로
한발 앞에 서 있어야 하는 이유

우리가 살아가면서 누군가에게 영향을 미치는 것에 대해서 생각해볼 기회가 얼마나 될까. 나의 등장만으로 그 슬픔을 온전히 꺼내놓았던 그 친구를 뒤로하고 돌아가는 비행기를 기다리며 내내 머릿속에 맴돌았던 질문이다. 그 짧았던 위로의 시간이 그녀가 버텨내야 할 앞으로의 시간에 도움이 되길 희망했다.

우리는 우리의 생각보다 더 많이, 더 깊게 누군가의 삶에 영향을 미친다. 나의 작은 노력으로도, 작은 칭찬으로도, 등을 쓰다듬는 작은 손길 하나만으로도 우리는 그들의 삶에 우리가 예상한 것보다 더 큰 영향을 미칠 수 있다.

나는 종종 리더로서 내가 미칠 영향력에 대해 생각한다. 그 영향력이 어떤 형태로 나타날지에 대한 고민을 오랫동안 해왔다. 좋은 어른이 되고 싶다는 나의 꿈은 항상 진행형이다. 그렇게 좋은 어른으로서 그들의 한발 앞에 서 있어야 할 이유가 필요했다.

긴 시간 큰 프로젝트를 준비하느라 모두가 지쳐 있을 때였다. 나는 각 팀원들에게 반드시 해내야 할 업무들을 나누어주었고, 다들 자기 몫을 해내지 못하면 다른 팀원에게 짐이 될 수 있다는 생각에 바쁘게 움직이고 있었다. 그중 팀의 막내는 처음으로 큰 프로젝트를 함께 리드하게 되어 큰 중압감을 가지고 최선을 다하려고 애쓰고 있었다. 그렇게 각자 주어진 역할들을 해내는 것만으로도 버거운 시기였다.

맡겨진 업무가 많아서 절대적인 시간이 부족할 수 있었던 한 친구가 지나치게 과중한 압박감을 느끼지 않도록, 일단 업무의 우선순위를 함께 정리해보는 중간 점검 미팅을 가졌다. 그리고 그 친구가 우선적인 본인 업무에만 집중할 수 있도록, 매주 두 시간씩 진행되는 전체 프로젝트 회의에는 들어오지 않아도 된다고 이야기해주었다.

그런데 다음 전체 회의 때도, 또 그다음 전체 회의 때도 그친구는 빠짐없이 참석을 하고 있었다. 나는 내심 그가 건너뛰어도 되는 일에 시간을 쓰고 있는 것 같아 걱정이 되었다. 그렇지만 그 친구의 의지를 믿고 지켜보기로 했다.

마침내 프로젝트 행사가 무사히 마무리된 날이었다. 우리는 길고 힘들었던 대장정을 드디어 마쳤다는 기쁨과 우리가 문제없이 해냈다는 뿌듯함에 다 같이 환호했다.

프로젝트가 끝나고 팀의 막내가 이야기를 꺼냈다.

"저는 사실 이번 프로젝트를 진행하며 가장 고마웠던 분이 있어요."

그러면서 바로 그 팀원을 가리켰다. 자신이 처음으로 큰 프로젝트에 참여해서 모든 순간이 긴장의 연속이었는데, 회의와 미팅 때마다 바로 그 팀원이 옆자리에 앉아서 든든하게 함께해주었기에 정말 큰 힘이 되었다는 것이다. 그 친구는 본인의 일들로도 버거웠을 일정에 어김없이 막내의 업무들을 들여다보아 주었고, 본인이 안 들어가도 될 미팅이나 회의에도 막내를 위해 자리를 함께하며 시간을 내어주고 있었던 것이다.

나는 그 이야기를 듣고 정말 깜짝 놀랐다. 그 친구는 단순히 내가 가이드를 해주었던 우선순위에 따라 일을 하는 데서 훨씬 더 나아가, 이제 스스로 우리 팀 전체를 위해 순간순간 무엇을 해야 하는지를 판단하고 실행하고 있었다. 그렇게 다른 팀원들을 위해 쓴 시간을 메우느라 정작 본인은 더 늦은 시간까지 홀로 일을 해야 했을 그의 모습이 훤히 그려졌다.

"또 저번에는 행사장에서 제가 너무 긴장해서 떨고 있는데, 누가 뒤에서 제 어깨를 주물러주면서 잘하고 있다고 등을 두드려주었거든요? 저는 당연히 올리부 님인 줄 알고 돌아봤는데, 그분이었던 거예요. 그분이 제겐 '리틀 올리부'처럼 느껴져요."

팀원들에게 도움과 응원의 손길이 필요할 때, 그러나 팀장으로서 내가 매번 옆에 있어주지 못하는 그 무수한 작은 순간들을 그 친구가 채워주고 있었다는 것을 그제야 나는 깨달았다. 내가 가는 길을 잘 따라와주며 성장해나가는 팀원을 본다는 것이 팀장으로서 얼마나 감동인지도.

그가 세운 우선순위가 내가 판단한 우선순위보다 훨씬 값진 일이었다고 그 친구에게 이 모든 일들에 대해 고마움을 전하자 그가 말했다.

"저는 올리부 님한테 그렇게 배웠으니까요."

나를 닮아가는 팀원을 본다는 것

리더에게 가장 큰 칭송은 "그동안 당신에게 잘 배웠습니다. 당신을 따라가고 싶습니다"가 아닐까. 나의 역할은 그들보다 그저 한발 앞서 걸어주는 것이다. 진자리, 마른자리를 먼저 밟아보고 단단한 땅으로 이끌어줄 수 있는 사람. 뒤따라오는 친구들에게 "여기는 땅이 지니 조심해!" 하고 외쳐줄 수 있는 사람.

때로는 나를 따라오느라 질척거리는 땅을 밟고도 "그래도 저는 팀장님이 가는 그 길이 좋아요"라며 걸어오는 친구들을 보며 다시 한번 마음을 다잡는다. 내딛는 한 발 한 발에 최선을 다하는 사람이 되겠다고 말이다.

내가 조금 더 좋은 어른이 되어야 하는 이유, 오늘도 이렇게 그 이유 한 가지가 늘었다.

18

기다림의
자리

"늘 다른 사람들에게 응원을 주시는데,
응원대장님은 그럼 누구한테 응원을 받나요?"

사실 삶을 통틀어 내가 전한 응원보다 누군가로부터 받은 응원이 훨씬 많다. 누군가를 진심으로 응원하면, 그 마음을 받은 상대방은 고마움과 함께 나를 향한 응원까지 덧붙여 마음을 돌려준다. 내가 한 명을 응원하면, 열 명의 응원이 내게로 돌아왔다.

그렇게 받아온 수많은 응원들 중에서 마음속 한가운데 언제나 꺼지지 않는 든든한 등불처럼 나를 지켜주는 응원의 순간들이 있다.

멈추지 않는 삶을
결심할 수 있었던 이유

백 일간의 출산휴가를 마치고 회사에 복귀했을 무렵, 하루에도 수백 번 마음이 엎어졌다 뒤집어졌다 하던 시기가 있었다. 즐겁게 일을 하고 있다가도 문득 떼어놓고 온 아이 생각에 마음이 불편했고, 아이와 행복한 시간을 보내다가도 거기에 온전히 집중하지 못하는 날들이 이어졌다. 그렇게 흔들리는 마음으로 20여 개월을 버티고 버티다 마침내 퇴사를 결심했다. 차마 입 밖으로 내뱉지 못하고 수백 번 삼켰던 그 말을 어렵게 팀장님에게 꺼냈을 때였다.

팀장님은 나를 한참을 따뜻하게 바라보다가 한 마디를 건네셨다.

"기다리마."

그러면서 퇴사가 아닌 휴직을 하라고 했다. 몇 개월이고 충분히 아이와의 시간을, 너의 결심의 시간을 보내고 돌아오라고, 그때까지 기다리겠다고 했다.

"우리는 네가 필요하고, 아이도 너를 필요로 할 테니,
우리 서로에게 가장 어려운 시기는 조금씩 양보하며 기다려보자."

회사와 같은 조직에서 누군가의 자리는 언제든, 누구를 통해서든 대체가 가능하다. 열심히 일을 하는 순간에는 내가 이 조직에서 없으면 안 될 것처럼 느껴지지만, 사실 우리 모두는 알고 있다. 우리 중 누구라도 자리를 비우면, 조직은 다른 누군가로 그 자리를 채울 거라는 걸. 그것이 조직이고 회사라는 걸 잘 알고 있다. 그런 조직에서 나를 기다리겠다고 했다.

어느 관계에서도 기다림이란 쉽지 않다. 기다림은 어느 한쪽이 더 큰 마음으로 애쓰고 버텨야 하는 일종의 기울어진 마음이다. 나를 기다려준 나의 조직 역시, 팀장님은 나를 기다리는 동안 그 빈자리를 메우기 위해 무던히 애를 썼을 것이다. 그 덕분에 나는 아이와의 시간을 온전히 보내며 조금 더 안정된 마음을 채울 수 있었다.

다시 돌아왔을 때, 나는 이전의 그 어느 때보다 더욱 뜨겁게 내 삶에 욕심을 내기 시작했다. 그 이후로는 '엄마'라는 이유로, '여성'이라는 이유로 나의 커리어를 멈추겠다는 생각은 해본 적이 없다. 내가 멈추면 나의 딸이, 나의 후배들이 나와 같이 '멈춤'을 고민하게 된다는 생각으로, 나는 반드시 그들을 위해서라도 일을 계속하는 여성이 되겠다는 다짐을 하곤 했다.

내가 이처럼 '멈추지 않는 삶'을 결심할 수 있었던 것, 그리고 십수 년간 아이를 키우면서도 그 결심을 지킬 수 있었던 것은 바로 그때 팀장님이 보여주었던 응원의 순간 덕분이다.

그 말 덕분에 나는 돌아갈 힘을 얻었고, 그 순간들 덕분에 흔들리지 않을 힘을 얻었다.

그 후 십수 년 동안 팀장의 역할을 하며, 나는 '기다리는 마음'을 잃지 않는 리더가 되고자 다짐해왔다. 나의 팀원들의 출산휴가와 육아휴직을 기꺼이 기다리며, 내가 받았던 응원의 마음을 그대로 돌려주고자 노력해왔다. 그러한 기다림, 그러한 응원은 리더가 팀원들에게 줄 수 있는 내리사랑과 같은 것이 아닐까.

서로에게 연료가 되는
기다리는 마음

코로나의 기승이 한풀 꺾여가던 그해 겨울, 나는 인생에서 가장 큰 상실을 경험했다. 봄이 오면 아빠와 가족들과 함께 갈 여행지를 고르던 겨울의 어느 날, 아빠가 평소와는 다르게 부쩍 힘들어하는 것이 느껴졌다.

"아빠, 즐겁게 여행을 가려면 아프지 말아야지."

나는 괜찮다는 아빠를 억지로 이끌고 동네 병원을 찾았다. 그런데 CT를 찍은 지 5분도 채 되지 않아 의사가 황급히 나를 불렀다.

"따님만 들어오세요."

정체 모를 두려움과 당황스러움을 애써 숨기며 진료실로 들어갔을 때, 내가 마주한 것은 아빠의 몸 가득 퍼진 암세포들의 사진이었다. 예상치 못했던 이 전개를 어떻게 받아들여야 하는지, 그래서 이 다음 나는 무엇을 어떻게 해야 하는지 갈피를 잡을 수 없었다.

그렇게 허우적대며 아빠와 병원 생활을 시작했다. 고정 보호자 한 명만이 입원실에 함께할 수 있었던 터라 병원에는 내가 있기로 했다. 급히 회사에 가족 돌봄 휴가를 신청하고, 팀원들에게 나의 긴 부재를 전했다.

"기다릴게요. 걱정 말고 다녀오세요. 저희가 열심히 하고 있을게요."

나는 팀원들에게서 또다시 '기다리는 마음', 그 뜨거운 응원의 마음을 받았다.

그렇게 아빠와의 짧았던 마지막 시간을 나는 그들의 마음에 기대어 온전하게 보냈다. 아빠를 떠나보내고 가족들과 다시 마음을 곤추세우는 긴 시간 내내 그들이 나를 기다려주었다.

두 달여의 부재 끝에 회사로 복귀했을 때, 내가 없는 동안에도 잘 해낸 팀원들이 대견하고 고마워서 "이제 내가 없어도 되겠다"고 너스레 떨며 실없는 말을 건넸다. 그러자 팀원들이 눈물이 그렁그렁한 채로 나를 맞으며 또 한 번 따뜻하게 말해주었다.

"저희가 얼마나 올리부 님을 기다렸는데요. 힘들었지만 최선을 다했어요."

내 곁에서 따뜻하게 버텨주던 나의 팀원들. 내가 슬퍼할 시간을 기다려주고, 내가 다시 일어설 시간을 버텨준 그들의 마음 덕분에 나는 다시 내 자리로 돌아올 수 있었다.

기다림은 힘들다. 기다림에는 누군가의 더 큰 마음이 뒤따르기 때문이다. 열렬히 응원하는 기다림의 마음, 그 마음이 연료가 되어 기꺼이 기다려주는 그 시간들이 서로에게 기대어 함께 살아갈 수 있는 의미 있는 시간으로 되돌아온다.

그래서 나는 나의 사람들을 위해 뜨겁게 기다린다. 열렬히 응원하는 마음으로 "기다릴게"라고 말을 전한다. 기다림은 어쩌면 가장 강력한 응원의 모습이다.

열렬히 응원하는 기다림의 마음,

그 마음이 연료가 되어

기꺼이 기다려주는 그 시간들이

서로에게 기대어 함께 살아갈 수 있는

의미 있는 시간으로 되돌아온다.

일은 (지금)
못해도
태도가 좋은 사람

#태도

'일은 잘하는데 인간성이 나쁜 사람' 대
'일은 못하는데 인간성이 좋은 사람'

한창 왁자지껄 설왕설래하고 있는 그들의 대화 사이에 들어갔다. 이 두 가지 조건을 놓고 밸런스 게임을 하고 있었다. 서로에게 확고한 편향이 있는지를 묻고, 그 이유를 각자의 나름의 경험에 비추어 이야기하고 있는 중이었다. 나에게도 참으로 오랫동안 오르내리던 질문이지 않았던가. 질문은 그대로이지만 이제는 흔들리지 않는 답변을 가졌다.

"일은 (지금) 못해도 태도가 좋은 사람!"

나는 우리 모두에게 처음이 존재한다는 사실을 잊지 않아야 한다고 생각한다. 그 첫발이 다음 발을 내딛기 위한 디딤발이 된다는 것을 우리는 모두 알고 있다. 처음이 있었기에 그다음이 있고, 그러다 보면 완성형의 순간을 마주하기도 한다. 그렇게 완성이 되었다 싶다가도, 또다시 완전히 새로운 시작을 맞이하기도 한다. 그렇게 우리는 처음보다 조금씩 나은 나를 완성해가는 과정을 걷고 있다. 우리가 공부를 할수록 지식이 늘어나는 것처럼, 우리가 일을 할 때마다 그 일하는 능력 역시 조금씩 성장해간다. 단지 누군가는 조금 더 빠르게, 또는 조금 느리게 성장하는 속도의 차이가 있을 뿐이다.

때론 일을 잘 못 해내는 사람을 만나면, 나는 이 사람의 이번 기회가 다음번의 성장에 밑거름이 되었으면 좋겠다는 생각을 한다. 그것이 내가 함께 일하는 그 사람을 응원하는 방법이다. 이것이 언젠가 부족했던 나와 함께 버텨주었고, 기다려주었던 누군가의 시간에 대해 감사한 마음을 갖는 방식이 아닐까.

우리가 팀원을 선택할 때 완성형의 사람을 선택할 수 있을까? 이미 완성된 사람을 고용하는 것이 아니라, 그 사람과 완성을 함께 이루어가는 과정이 팀이 존재하는 이유이고, 조직이 존재하는 이유다. 새로운 일의 방식을 함께 찾아가고, 도전해보고, 실패로부터 배우고 더 나은 다음을 위해 노력하는 것, 좋은 조직일수록 조직원들에게 더 다양한 기회를 통해 성장할 힘을 준다고 믿는다.

　나와 함께할 사람들을 선택할 때, 그들이 가진 자격증이나 기술들을 확인하는 것보다 먼저 해야 하는 것이 그들이 어떤 태도를 가진 사람들인지를 살펴보는 일이다. 함께 성장하는 즐거움을 충분히 누릴 수 있는 사람인지를 알아볼 기준이 필요하다. 실패를 통해서도 나와 우리를 돌아보고, 그 실패를 통해서도 배우는 것에 즐거움을 느낄 수 있는 사람. 우리와 함께 그 어떤 벽에 부딪혀도 좌절하지 않을 사람, 때론 그것을 넘어 우리를 함께 응원해줄 그런 사람. 나는 그런 경험이 있는 사람, 그런 잠재력을 가진 사람을 찾는다.

20

무엇이든 괜찮은
'안전지대'를
만드는 법

#리더   #공감

"이런 리더는 되지 말아야겠다! 생각했던 것들이 있으신가요?"

많은 순간의 나의 다짐들이 머릿속에 와르르르 쏟아지기 시작했다. 마음속에 담아두었던 그 결심과 다짐의 순간들을 꺼내게 해준 이 좋은 질문 덕분이었다.

짜증 내거나
화내는 리더가 되지 말자

개인 감정에 휘말리는 리더가 되지 않겠다는 다짐이었다. 팀장으로서 어떤 것을 노력해야 하는지에 대해 생각했을 때 제일 우선시되었던 마음가짐이다.

물론 나는 팀원들과 함께 무척 개인적인 영역들도 서로 이해하며 포용하는 팀을 운영하고자 한다. 하지만 팀원들의 삶의 영역들을 이해하고 포용하는 것과 개인적인 감정이 팀의 컨디션을 좌지우지하게 하는 것에는 분명히 차이가 있다. 다른 무엇보다도 팀원들이 '일'을 하는 데 있어서 불필요한 에너지를 쓰게 하지 말아야 한다는 것이다.

일을 하는 관계에서는 '짜증'과 '화'가 아니라,
적합한 '논쟁'과 '협의'가 필요하다.

우리 팀에는 나와 무척 다른 팀원들이 많다. 소위 말하는 MBTI의 상극의 관계부터, 각자가 가진 강점, 각자가 느끼는 성취감의 영역들이 다른 사람들이 함께하는 팀이다. 그러다 보니 종종 프로젝트의 과정이나 결정들에 앞서, 서로의 의견이 첨예하게 대립되는 경우들이 생긴다. 그러면 우리는 각자의 의견과 생각들을 테이블 위에 올려두고 무척 진지하게 논쟁한다.

　논쟁의 과정에서 내가 유일하게 애쓰는 것이 있다면, 연장자로서 또는 팀장으로서의 힘으로 그 무엇으로도 치우침을 만들지 않으려는 노력이다. 한참 논쟁을 끌고 가다 보면 어느 순간 '내 의견대로 좀 그냥 해!'라는 마음속 목소리가 울컥울컥 목구멍까지 올라오는 때가 있다. 그럴 때마다 스스로 그 마음을 호되게 질책한다. 그런 내면의 목소리가 올라올 때면 오히려 내뱉는 말은 "아, 그럴 수 있군요. 그 부분은 나와 무척 다르게 생각하는 지점이네요. 왜 그렇게 생각하는지 더 구체적으로 이야기해줄 수 있나요?"라는 말로 바꾼다. 이런 것들이 내가 그간 훈련한 리더의 대화법이라 생각한다.

　때론 결국 내 의견이 맞을 때도 있다. 그럼에도 불구하고 그 긴 시간 논쟁이 필요했냐고 묻는다면, 나는 당연하다고 대답한다. 논쟁의 시간은 결국 내 의견이 맞다는 것을 증명하는 시간이 아니라, 그 일을 함께할 나의 팀원들이 그 의견을 이해하고 수용하는 데 걸린 시간이기 때문이다.

　"오늘 팀원들에게 좀 짜증이 나서…."

　이런 이야기를 들을 때면 나는 발끈한다.

　"짜증은 개인적인 관계에서나 내는 감정의 종류인 거지! 그 감정의 본질이 뭐였는데? 만약에 팀원의 의견이 본인과 다른 것이거나, 그 사람에게 더 좋은 방향을 제시해주고 싶은 것이 본질이었다면, 그 본질에 집중한 감정과 대화가 필요했다고 생각해."

팀원을 질투하는 리더가
되지 말자

　　팀원에게 경쟁하는 마음을 갖는 리더가 되지 말아야 한다는 것이 또 하나의 다짐이었다. 리더라는 사람도 그 조직의 일원이기 때문에 궁극적으로는 모든 사람들이 그 경쟁 체제의 한 명이기도 하다.

　하지만 리더의 역할 중에는 명백하게 다른 것이 하나 있다. 바로 팀원들의 성장을 돕는 것. 한 명의 능력이 아니라, 여러 팀원들의 능력을 활용하여 팀으로서 더 큰 성과를 만들어내는 것, 이런 것들이 팀원과는 다른 리더가 가져야 하는 역할이다.

　그러니 팀원들의 문제와 고민은 결국 팀장과 리더의 문제와 고민이 되어야 한다. 그들을 살피고, 그들이 더 좋은 능력을 얻게 되고, 그것을 통해 더 많은 일들을 이루어낼 수 있도록 하는 것, 이러한 영역들이 리더가 해야 할 일이다.

　"우리 팀장님은 내가 잘하면 싫어하는 것 같아요."

　팀원이 일을 잘하는 것을 싫어할 팀장이 있을까? 어쩌면 그 팀장은 팀원이 너무 잘해서 본인을 넘어설까 봐 두렵고 긴장이 되는 사람이었을 수 있다. 그 팀장은 팀원을 성장시켜야하는 그 역할을 잘했을 때 당연히 본인도 성장하게 되고, 조직에서 인정받게 되는 경험이 필요한 것이다.

처음 팀장이 되면 당연히 모르는 것투성이다. 어떻게 해주는 것이 맞는지, 이 마음이 맞는지, 모르는 것이 당연하다. 그런 팀장들이 온전하게 팀장의 역할을 잘 해낼 마음가짐을 갖도록 도와주는 것은 조직의 문화와 결정, 그리고 조직 안에서의 경험들이다.

학창 시절, 우리의 선생님들은 학생들이 그들보다 뛰어나고 잘하길 기대하고 지지한다. 그리하여 선생님보다 더 좋은 대학에 진학하고 더 좋은 직업을 갖게 된 제자들을 자랑스러워하고 그 모든 것에 기뻐한다. 또한 우리의 부모님들은 자신보다 자녀들이 더욱 나은 삶을 살아가기를 끝도 없이 염원하고 지지한다. 그리하여 자녀들이 그들보다 더 좋은 삶을 살아가는 것을 보면서 삶에서 더할 나위 없이 기쁜 순간이라고 이야기한다.

과연 팀장과 리더의 역할이, 그 마음이 학창 시절의 선생님, 부모님의 마음과 다를까?

팀원들과 경쟁하지 말자. 그들은 나의 경쟁 상대가 아니다.

마음껏 응원하자.

나의 팀원들이 더욱 크게 성장하고 날개를 펼치는 그날을.

듣지 않는 리더가
되지 말자

"우리 팀장은 답이 정해져 있다."

'답정녀'라는 말이 한창 유행하던 시절이었다. 사적인 대화에서 우스갯소리로 쓰이던 단어들이 어느새 조직에서 쓰이고 있는 것을 보면서 위기의식을 느꼈다. 많은 조직이 수평 조직 문화를 위해서 애쓰고 있다. 한 커뮤니티 모임에서 이런 주제의 이야기들이 한창 열띠게 논의되던 자리에서 나는 사람들에게 '수평 조직 문화'란 무엇이라고 생각하냐고 물었다.

"회사 내 부르는 직급 이름을 없애고 ○○ 님이라고 부르는 것이요."

첫 번째 대답이었다.

"그렇게 호칭을 변경하는 이유가 무엇일까요?"

"음, 일의 과정에서 상하 관계에 대한 고정관념을 빼고 일할 수 있게 하기 위해서요?"

좋은 대답이었다.

"그렇다면 일의 과정, 결정의 과정에서 수평적 조직 문화가 적용된다는 것은 어떤 모습일까요?"

"결정을 팀장 혼자 하지 않는 거요!"

모두가 큰 소리로 웃었다. 불과 10여 년 전만 하더라도 '팀장의 역할은 무엇인가요?'라고 물었다면 '결정하는 사람'이라고 답하지 않았을까? 이제는 팀장 혼자 결정하면 '답정너' 소리를 들을 수 있는 시대가 되었다.

그렇다면 지금의 팀장의 역할은 무엇일까? 바로 우리 모두의 결정을 하도록 이끄는 것, 그것이 오늘날의 팀장의 역할이다.

"그렇다면 팀장이 혼자 결정하지 않기 위해서는 어떻게 해야 할까요?"

"팀원들 이야기를 좀 들어주었으면 좋겠어요!"

그렇다, 우리는 듣는 리더가 되어야 한다. 그래야 우리 모두의 결정을 하고, 그 과정과 결정을 통해서 팀의 성장을 이끄는 좋은 리더가 될 수 있다.

좋은 리더는 듣는 리더다.

팀원들의 목소리를 충분히 들어야 한다. 그 의견과 이야기가 내가 기대한 것, 내가 생각한 것과 다르더라도 충분히 들어야 한다. 내가 하지 못했던 생각들과 더 좋은 방법들이 우리로부터 나올 수 있다. 내가 기준이 되는 결정이 아니라, 우리가 기준이 되는 결정을 할 수 있도록 듣는 연습을 하자.

공감하지 않는 리더가
되지 말자

"팀장님 T죠?"

새로운 팀을 맡고 고군분투하고 있던 한 친구가 팀원으로 부터 이 말을 듣고 상심해서 찾아왔다. 얼마 전 새로운 팀을 맡게 되면서, 이 팀이 잘 해낼 수 있도록 그간 무엇이 문제였는지, 어떤 것들을 해결해야 하는지를 살피며 최선을 다하고 있던 시기였다고 했다. 그런데 왠지 모르게 팀원들과 본인의 거리가 영 좁혀지지 않는다고 생각하고 있던 차에 팀원들과의 티타임에서 한 팀원이 무심코 던진 그 질문이 내내 머릿속에서 떠나지 않는다고 했다.

"올리부 님은 F죠? 아니, 팀장들은 다 F여야 해요?"

우리는 모두 다른 성격, 다른 성향, 다른 취향을 가진 개별적인 존재다. 그런 존재들이 조직에 들어가면 다 똑같은 성격, 성향, 취향을 가져야 하는 것일까? 물론 그렇지 않다. 하지만 조직에서는 그 조직에서의 역할에 필요한 역할적 성향, 역할적 기술이 있다.

"전 P라서요."

프로젝트 진행 시 우선순위 업무에 관한 문제가 생기거나, 타임라인을 가늠하기 어려운 상황들이 발생하면 프로젝트 진행표를 열고 무척 상세하게 그 항목들을 열거하고 타임라인을 설정하는 등의 일들을 하게 된다. 이때 MBTI의 'P' 성향의 사람들은 이런 일을 무척 힘들어할까?

우리는 업무를 진행하는 데 필요한 업무 스킬들을 경험을 통해 배우게 된다. 그와 마찬가지로 개인의 고유한 성향이 무엇이건 간에, 조직을 관리하는 데 있어서 필요한 성향이 있다면 그것 또한 기술적으로 키울 수 있다고 생각한다. 내가 아무리 마음 내킬 때 즉흥적으로 하는 것을 좋아하는 성격의 사람이라 하더라도, 조직에서 해야 하는 업무에 있어서는 마음 내키는 대로 즉흥적으로 할 수는 없는 노릇이다. 그래서 그런 것들을 요즘에는 사회적 'J' 스킬을 배운다고도 이야기한다.

특히 좋은 리더에게는 '공감 능력'이 반드시 필요하다. 팀원들이 어떤 부분에서 힘들어하는지 읽어내지 못한다면, 아니 최소한 팀원들이 어려운 점을 토로해도 이해하지 못한다면, 팀원들은 그러한 리더에게 진심을 털어놓지 못하게 된다.

리더의 역할은 팀원들이 안전지대에 있다고 느끼게 만드는 것이다. "이곳에서는 어떤 이야기를 해도 괜찮아. 실패해도 괜찮고, 울어도 괜찮아. 왜냐하면 이곳은 '우리'로서 함께 문제를 해결하고, '우리'로서 함께 이루고, '우리'로서 함께 성장해나가는 공동체니까" 하는 믿음을 주는 것이다.

이런 안전지대를 만들기 위해 팀장이 해야 하는 가장 기본적인 역할이 '공감'하는 것이다. 지금 이 친구는 이런 상황이구나, 이런 점을 어려워하는구나, 이런 것이 서로 다르구나 하는 것들을 알아차리는 것. 그것은 그들에게 공감하는 것으로부터 시작된다.

우리는 회사에 취직하면서 엑셀의 함수 쓰는 법을 배우고, 파워포인트의 새로운 기능들을 배운다. 이메일 쓰는 법, 비즈니스 상대와 대화하는 법도 배운다. 마찬가지로 팀장이 되었다면 이제는 팀장으로서의 새로운 역할 역량을 습득해야 한다. 팀을 이끄는 법, 팀원들과 대화하는 법, 그들에게 공감하는 법, 그들을 포용하는 법. 다행히도 공감이라는 능력은 어려운 스킬이 있어야 하는 것이 아니라, 귀를 기울이고 마음을 열어두기만 하면 자연히 자라나는 능력이다.

팀원들이 무엇이든 자유롭게 이야기할 수 있고,

실패를 두려워하지 않아야 마음껏 새로운 시도를 할 수 있다.

"실패해도 괜찮다"고 말해줄 수 있을 때

과감한 도전을 시도해보는 안전지대가 만들어진다.

리더의 역할은 결국 팀원들이 무슨 일이건 용기를 낼 수 있는 안전지대를 만들어주는 것이다. 그것이 자신의 삶이든 회사의 일이든 간에, 나는 나의 팀원들이 걱정 없이 마음껏 자신의 날개를 펼칠 수 있는 울타리가 되어주고 싶다.

무엇이든 자유롭게 이야기할 수 있고,

실패를 두려워하지 않아야

마음껏 새로운 시도를 할 수 있다.

"실패해도 괜찮다"고 말해줄 수 있을 때

과감한 도전을 시도해보는 안전지대가 만들어진다.

PART 3

어제보다
조금 더

따뜻한
어른

21

배려의
말들

나의 그녀가 초등학교에 들어가던 해의 일이다. 아이의 학교는 '통합 교육 학교'라고 했다. 당시 그 학교는 한 반에 스무 명 남짓한 인원수만을 채우고 있는 폐교 위기의 학교였다. 그래서 통합 교육이나 축구 특기 활동 등 폐교 위기에서 벗어나기 위한 다양한 노력들을 하고 있었다. 그저 집에서 가까워서 배정된 초등학교라서 학교의 특별한 상황에 대해서는 생각지도 못했던 터였다. 이런 학교의 특수한 상황이 아이에게 어떤 영향을 주게 될 것인가 한편으로 걱정도 되고, 또한편으로는 새로운 시도들을 많이 할 수 있지 않을까 하는 기대도 들었다.

PART 3 어제보다 조금 더 따뜻한 어른   173

1학년 학부모 참관 수업의 날이었다. 아이의 반에 유독 작아 보이는 친구가 한 명 있었다. 1월생이라 그런지 키가 다른 아이들보다 훌쩍 큰 나의 그녀는 성큼성큼 그 친구에게 다가가 인사를 나누고 친구의 수업을 도와주었다. 다른 아이들에 비해 글을 더디게 읽는 친구에게 글자를 하나하나 적어주며 알려주는 그녀를 보며 대견함과 동시에 그 친구의 존재가 궁금하기도 했다. 집에 돌아와 아이에게 그 친구에 대해 물었다.

"선생님이 그 친구는 우리보다 마음이 조금 늦게 크고 있대. 그래서 우리가 마음을 모아서 더 많이 주면 친구가 쑥쑥 클 거랬어!"

그녀의 멋진 대답은 실로 심쿵 그 자체였다. 나는 속으로 '선생님 만세!'를 외쳤다. 아, 감사합니다. 이런 멋진 마음을 기르게 해주시다니요. 그렇게 1학년 한 해 동안 나의 그녀는 키도 크고, 마음도 크면서 성장해갔다.

2학년이 되고 그 친구와 나의 그녀는 또다시 한 반이 되었다. 그런데 2학년의 반 분위기는 사뭇 달랐다. 하루는 그녀에게 새로운 친구들은 어떤지, 마음을 더 주어야 하는 그 친구는 새로운 친구들의 마음의 선물을 흠뻑 받고 있는지를 물었다. 그러자 그녀가 이런 질문을 던졌다.

"엄마, 선생님이 그 친구를 그냥 내버려두래. 자꾸 뭘 해주려고 하지 말래. 그 친구에게 어떻게 하는 게 맞는 거야?"

순간 말문이 막혔다. 뭐라고 답을 해줘야 할지 몰라 당황하고 말았다. 아이에게 답을 해줄 수 있는 경험도, 생각도 없었던 내 자신이 무척 부끄러웠다.

그날 고민 끝에 아이에게 이렇게 약속했다.

"엄마도 더 열심히 고민해볼게. 우리 함께 더 나은 사람들로 크자! 세상에 있는 나와 다른 사람들을 배려하는 마음과 행동을 배워보자."

배려의 마음은
주고받으며 커진다

나는 대한민국에서 태어나 초등학교부터 대학교까지 한국에서만 나고 자랐다. 심지어 대학 전공도 국어국문학으로, 내겐 한국어가 제일 자신 있는 언어다. 그런 내가 글로벌 회사에서 일을 한 지 어느새 이십여 년이 넘어간다. 글로벌 회사들을 다니며 하루의 70퍼센트 이상을 영어로 일을 하고 있다. 긴 시간을 이렇게 노력하며 일을 해도, 내게 영어는 여전히 불편하고 어렵다. 완벽하지 않은 언어로 일을 한다는 것은 큰 스트레스다.

그러던 어느 여름 출장에서, 동료들과 워크숍을 하던 날이었다. 나의 동료들은 영국 사람, 캐나다 사람, 인도 사람, 중국 사람, 싱가포르 사람, 호주 사람, 일본 사람 등 정말 모두 각각 국적이 다른 사람들이다. 하지만 다들 하나같이 영어가 모국어이거나 모국어 이상으로 영어를 잘하는 사람들이다. 그런 사람들 사이에서 열띤 토론을 하고 의견을 주고받으며 살아남자니 내 자신이 매번 작아지고, 마음이 조급했다.

그날따라 왜 그렇게 영어가 잘 안 들리고, 말도 바로바로 안 나오는지. 내가 이야기하고 싶은 내용을 머릿속으로 열심히 영작하고 있으면, 다른 사람이 이미 다 이야기를 해버려서 말할 기회도 놓치고 말았다. 그렇게 본의 아니게 조용히 앉아 있는데, 나의 팀장이 말했다.

"올리부도 의견 좀 이야기해봐."

그 말을 듣는 순간 꾹 눌러왔던 억울한 마음이 툭 터졌다. 나는 동료들에게 괴로운 마음을 고백했다.

"나에게 영어는 모국어가 아니야. 너희들은 그냥 자연스럽게 생각나는 대로 이야기를 할 수 있지만, 나는 머릿속으로 치열하게 영작을 하고, 그 말이 혹시 틀린 것은 아닌가 조마조마해하며 말하게 돼. 그러다 보면 말할 타이밍을 놓쳐서 머릿속에 잔뜩 담아둔 말도 결국 못 하고 꿀꺽 삼키고 말아. 그러니 나를 이해하고 배려해줘. 나는 항상 마지막에 의견을 이야기할게. 내가 조금 늦게 이야기하더라도 기다려줘."

이렇게 하소연을 하고 나니 동료들이 입을 모아 이렇게 답했다.

"우리는 한국어를 못 하잖아. 당연하지. 우리보고 한국어로 이야기하라고 하면 아예 입도 뻥긋 못 할걸."

그 후로 그들은 내게 매번 마지막으로 이야기할 차례를 주었다. 내가 순간순간 뛰어들지 못하는 이야기에도 기다려주고, 두 번 세 번 다시 물어도 괜찮다며 응원해주고, 와다다다 쏟아내던 말들을 차근차근 천천히 이야기해주며 함께 일하고 있다.

다른 것이 틀린 것이 아니라는 것. 다름을 포용하고, 배려하는 마음으로 살아가는 우리의 세상이 얼마나 멋져질지 기대하게 되는 순간들이었다.

22

어제보다
조금 더 나은
어른이 될게

#성장   #좋은어른

"나도 열심히 자라볼게!"

어린아이가 있는 많은 집들의 한쪽 벽의 키재기 흔적은 흔한 풍경이다. 나의 그녀가 어렸을 때 매일매일 하루에도 여러 번 아이의 키를 재보자고 어른들의 성화가 대단했다. 아이는 그때마다 무척 귀찮았던 모양이다. 하루는 빨리 이쪽으로 와서 키를 재보자고 재촉하는 나에게 아이가 물었다.

"엄마, 왜 맨날 키를 재?"

입이 잔뜩 나와서 엉덩이를 반대편으로 쭈욱 빼고는 볼멘소리로 던진 그 질문의 본질은 사실 '키 재기 싫어!'였을 수 있지만, 나는 여느 때와 마찬가지로 그녀의 작은 질문을 크게 받아들였다. 나는 아이의 질문에 항상 진지했다. 그녀의 질문은 늘 나에게 큰 질문이었다. 세상을 살면서 내가 미처 하지 못했던 질문들을 그녀를 통해서 듣고 답하면서 나는 늘 많은 것을 배웠다. 이번 질문도 마찬가지였다. 마음속에서 답을 찾아 헤맸다.

"음, 네가 매일매일 크는 것이 우리에게는 무척 기쁘고 행복한 일이거든!"

대답이 조금 어려웠을까 하는 생각도 잠시, 그녀의 다음 말이 이어졌다.

"그럼 엄마도 키를 재!"

가족들이 모두 아이의 당찬 요구에 웃음을 터뜨렸다. 할머니는, 엄마 나이는 이제 키가 줄어들 때라며 우스갯소리를 하셨다. 그 이야기에 아이는 무척 심각한 얼굴이 되었다.

"그러면 엄마는 슬프겠네."

어른도
자란다

그날 밤, 아이를 재우며 엄마는 키가 자라지 않아도 슬프지 않다는 이야기를 하느라 무척 애를 썼다. 매일매일 이렇게 크다가 키가 하늘 끝까지 자라면 어쩌지 하는 걱정에

도 대답하고, 어른이 되면 키가 더 이상 자라지 않는다고 했
더니, 그게 몇 살까지인지, 왜 어른이 되면 키가 크지 않는지,
키가 크지 않고 그럼 뭐가 크냐는 질문이 꼬리에 꼬리를 이었
다. 아이의 질문에 대답을 하면서 마음속에서 그 질문에 대한
생각이 점차 커졌다. 그녀가 잠들고 나서도 나는 골똘히 그
질문을 생각했다.

나의 무엇이 자라고 있을까?

어린아이들의 성장은 명확하다. 갓난아이들은 잠만 자고
일어나도 조금 자라 있는 것 같다. 정말 밤사이 무슨 일이 일
어나는 걸까? 아이들은 하루가 지나면 쑤욱 자라 있다. 어제
는 혼자 고개를 들지 못하던 아기가 다음 날이 되면 고개에
힘을 주고 나를 바라본다. 아침에 일어나니 혼자 침대 머리맡
에 있던 책을 집고 책장을 휘휘 넘기고 있다. 분명 아침에는
혼자 걸음마를 못 했던 아이가 스티커를 준다는 선생님 말에
갑자기 벌떡 일어나 뛰어간다. 이렇게 아이들은 못 했던 것을
하게 되고, 모르던 것을 배우게 되면서 매일매일 그들의 성장
을 분명하게 증명한다.

어느 순간 매일같이 자라던 키도 더 이상 자라지 않는다.
어른이 되고 보니, 매일 무엇을 배우고 새로운 것을 알아가
야 하는 의무도 사라진다. 벽 한쪽에 그어지던 선을 확인하는

날들도 없어진다. 그 누구도 나의 성장을 확인해주지 않는다. 그렇게 내가 매일 성장해야 한다는 생각 자체를 하지 않고 살아가게 된다.

대학을 졸업하고 사회에 나서기 전 나의 마음이 어땠을까 생각해봤다. 어쩌면 그런 분기점들 하나하나가 내가 못 했던 것을 새롭게 해내는 성장의 지점이 아니었을까 하는 생각에 서였다. 사회에 나가기 전 나는 멋진 사람이 되고 싶었다. 그 멋진 사람이 되기 위해 나는 내가 무엇을 해야 하는지 골똘히 고민했다. 광고 시장에 대한 공부를 시작했고, 매일 신문 스크랩을 누구보다 많이 했다. 누군가가 나에게 숙제를 내준 것도 아니고, 수업 시간에 앉아 있어야 하는 의무가 있는 것도 아니었는데 나는 열심히 배우고 싶었다. 그렇게 멋진 사람이 되어가고 싶었다. 그것이 바로 나의 성장에 대한 마음이 아니었을까?

어른의 성장은 애쓰지 않으면 일어나지 않는다. 더 이상 키가 자라지 않는 어른이 되었다고 내가 완성형의 사람이 된 것도 아닌데. 그러니 무엇으로든 우리는 자라야 한다. 어제 몰랐던 것을 오늘 아는 것, 어제는 부족했던 내가 오늘 조금 채워지는 것, 그런 것이 우리의 성장이라는 생각이 들었다.

성장을 멈추지 않기 위한
노력

　며칠이 지나 또다시 아이의 키를 재다가 그녀에게 속삭이며 답을 해주었다.

"엄마도 클게! 서현이가 매일매일 무럭무럭 키가 자라는 것처럼, 엄마는 매일매일 무럭무럭 마음으로 자랄게. 마음이 매일매일 커져서 어제보다 더 좋은 어른이 될게."

　그녀에게 한 그 약속을 지키기 위해 나는 매일 밤 자기 전 하루를 돌아보며 질문했다. 나는 오늘 자랐는가? 정말 아무것도 어제보다 나아진 것이 없는 그런 하루를 보낸 날이면 누웠다가도 벌떡 일어나 책을 집어 들었다. 그저 딱 한 장이라도 읽었다. 그냥 딱 한 문장이라도 가져야겠다는 생각이었다. 그러고 나면 어제는 읽지 못했던 어느 한 문장을 얻게 된 오늘 조금 더 자란 어른이 되었다고 생각하며 잠이 들었다. 괴롭고 엉망인 날이면, 그 마음을 잘 다스리고 그 순간, 그런 마음조차도 잘 안고 편하게 잠들 수 있게 된 나를 칭찬했다. 내가 조금 자랐구나. 어제보다 조금 더 나은 사람이 되었구나 하는 마음이었다.

그녀에게 했던 그 약속은 나의 삶의 선언이 되었다.

"더 좋은 어른이 되겠다."

나는 매일 조금씩 더 나은 어른으로 성장하고 있다. 오늘도 내 마음대로 오해해서 곡해했던 내용에 불평을 쏟아냈던 점심 시간 이후, 혼자 운전을 하고 돌아가면서 곰곰이 생각해보니 내가 그 내용을 온전하게 다 보았던가 하는 생각이 들었다. 오해했던 부분을 다시 찾아보고 다시 생각했다. 내 오해로 인해 그 불평을 들어주었던 나의 팀원들에게 부끄러웠다. 그래도 내가 잘못 생각했다고, 오해했던 것이었다고 고백했다.

여전히 부족한 사람이라고 오늘도 느낀다. 하지만 나는 오늘도 또 다짐한다. 더 좋은 어른, 더 따뜻한 어른, 더 다정한 어른이 되자고. 그러니 그 마음을 한 번 더 먹은 나는 내일 조금 더 나아지지 않을까 하는 기대를 해본다.

그래서 나는 어제보다 조금 더 자란 오늘의 내가 제일 좋다.

어른의 성장은 애쓰지 않으면

일어나지 않는다.

그러니 무엇으로든

우리는 자라야 한다.

23

응원하는
마음은
서로를 향한다

#응원

학교에서 받은 성적표를 들고 기쁜 마음으로 아빠에게 달려갔다. 거창한 칭찬을 받을 요량으로 이미 나는 기뻤다. 성적표를 자랑스럽게 내밀었던 밤. 아빠의 크고 환한 웃음을 기대했던 것과는 달리, 아빠는 엄한 표정으로 나를 바라보셨다.

"너 혼자만 잘한 것을 자랑하지 말아라. 큰언니로서 동생들도 너와 같이 잘할 수 있도록 해주는 것도 네 몫이다. 동생들은 그만큼 못 했으니 너는 이번에 절반만 잘한 거다."

아빠는 언제나 '혼자가 아닌 모두'의 결과를 물었다. 종종 나는 억울한 마음이 들었고, 동생들이 원망스럽기도 했다. 절반의 칭찬과 절반의 꾸짖음을 듣고 돌아설 때면 눈물이 핑 돌았다. 애꿎은 동생들에게 왜 너희들이 더 열심히 하지 않았냐고 탓을 하기도 했다.

그래서였을까. 나는 항상 나의 성적도 중요했지만, 우리 반이 모두 다 잘하면 좋겠다는 마음이 컸던 반장이었다. 친구들에게 필기를 복사해주고, 야간자율학습 시간에는 칠판 앞에 나가서 보충 수업을 해주기도 했다. 혼자가 아니라 나의 동생들이, 나의 친구들이 함께 잘할 수 있어야 했기 때문이었다. 그렇게 나는 "오지랖이 우주 끝이다"라는 칭찬인 듯 아닌 듯한 꼬리표가 붙은 큰언니로, 그런 반장으로 자랐다.

아빠의 훈계는 나에게 응원대장으로서의 마음을 싹틔워준 것이 아니었을까. 나는 나의 사람들을 응원했고, 나의 사람들은 그런 나를 응원했다. 나는 정말 많은 사람들에게 응원하는 마음을 힘껏 전한다. "올리부 님에게서 받은 응원 덕분에"라는 고마움의 편지를 종종 받는다.

아빠의 장례식, 우리는 고작 하루 손님들을 맞이했다. 코로나가 기승인 때였다. 늦은 밤 빈소를 차리고, 이른 아침 발인을 예정하고 있었다. 생각지도 못하고 맞이한 그 상실의 충격만큼, 하루아침에 결정하고 해내야 하는 일들이 너무 많아서 정말 온전하게 내가 이날들을 버티어낼 수 있을지 자신이 없었다.

황망한 마음을 주체하지 못하고 있던 첫날, 나의 사람들이 늦은 밤에도 그 먼 곳을 지체 없이 달려와주었다. 나를 안아주고, 우리 가족을 위로하고, 내가 허공에서 헤매던 결정들을 대신 해주고, 빈소를 준비해주었다. 다음 날 하루 만에 수백 명의 사람들이 모두 하나의 마음으로 달려왔다. 나를 위로하고 응원하기 위해 달려와준 사람들, 내 곁을 지켜준 사람들. 아빠를 우리가 사랑할 나무 안에 모시고 돌아와 상실의 시간 속에 헤매는 내내 나는 그 수많은 사람들의 응원의 힘으로 버티었다.

　나는 아빠에게 꾸지람을 들었던 그날을 감사하게 생각한다. 내게 혼자 누리는 기쁨이 아니라, 함께여서 더 기뻐하는 마음을 가지라고 했던 아빠 덕분에 그 많은 사람들의 마음이, 그 응원이 나에게로 돌아왔다.

　결코 일방적인 응원은 없다. 서로를 향하는 그 응원의 마음 안에서, 그 관계 속에서 우리는 함께 성장한다. 응원하는 마음은 그렇게 서로를 향한다.

　아빠, 고맙습니다.

24

나의 시선에
글을 짓는
친구와 함께

#동료   #친구

　　여행은 누구와 어디에서 어떤 시간을 보내는가로
이야기할 수 있다.

　글로벌 회사에 다니다 보니, 나는 같은 일을 하는 동료들
과 가깝고도 멀리 있다. 각기 다른 나라를 책임지며, 각자의
나라에서 일하고 있는 동료들과는 일 년에 고작 몇 번 얼굴을
마주할 뿐이다. 그 시간들을 제외하고는 대부분 온라인이나
영상 통화를 통해 이야기를 나눌 수밖에 없다. 그러다 보니
그들과 일 이야기는 자주 나눠도 개인적인 삶의 순간들을 공
유하기는 쉽지 않은 것이 사실이다.

　그렇지만 그런 관계 안에서도 특별하게 가까워지는 친구들
이 생긴다.

코로나의 3년의 시간을 보내는 동안 우리는 각자 어려운 인생의 터널들을 지나왔다. 힘겨운 출산의 시간을 겪기도 하고, 가슴 아픈 가족의 상실을 겪기도 했다. 우리는 각자의 터널을 지날 때마다 서로에게 보이지 않는 뜨거운 마음을 보내곤 했다.

코로나가 잦아들고 비로소 3년 만에야 그들과 같은 공간에서 마주할 수 있게 되었다. 우리는 회사 복도 한가운데에서 서로를 발견하자마자 달려가 뜨겁게 껴안았다. 너무나 반가워서 눈물이 터져 나왔다. 그렇게 우리는 서로의 긴 시간을 위로하고 다시 만나 행복해했다.

또 다른 나의 동료는 내 삶의 작은 순간들을 매번 응원해주곤 한다. 그녀는 내가 인스타그램 스토리에 사진을 올릴 때마다, 종종 내 사진에 그녀의 멋진 문장들을 실어 다시 전해주곤 했다. 그러면서 우리는 멀리 있지만 식지 않는 따뜻한 마음을 주고받는 친구가 되었다.

그 무렵, 우리는 업무상 어렵고 중요한 결정들을 앞두고 있었다. 시작도 하지 않았는데 덜컥 겁이 나는 때가 있다. 우리에게 그 시간이 그랬다. 나는 그 시간을 앞두고 스스로에게 다짐의 글을 썼다.

앞으로 꽤 힘든 시간이 찾아오겠지만, 넘어지지 말자. 버텨내보자.

그건 나를 응원하는 다짐이자 함께 일하고 있는 동료들을 향한 외침이기도 했다. 우리 모두에게 그렇게 어려운 시간이었다. 그 시간을 앞두고 나는 나뿐만 아니라 나의 동료이자 친구인 그녀를 응원하고 싶었다. 같은 고민으로 힘들어할 그녀를 위해 이번에는 손이 닿는 곳에서 마음을 전해주고 싶었다. 그래서 우리를 위한 위로와 응원의 장소를 찾아 여행을 떠나기로 했다.

우리의 응원 여행지는 제주도였다. 몇 년 전 동료들에게 제주도에 대해 이야기한 적이 있었다. 제주도가 얼마나 특별한 곳인지, 이 섬의 긴 시간들과 해녀들의 이야기, 그리고 오늘날 제주도에서 이루어지는 많은 작은 비즈니스들을 이야기해 주었다. 그 이후로 동료들은 언젠가는 꼭 한 번 같이 제주도에 가자는 이야기를 습관처럼 하곤 했다.

나는 제주도의 감성을 오롯이 느낄 수 있는, 제주도의 아름다움을 가장 잘 드러내 보여줄 수 있는 집을 고르고 골라 숙소를 예약했다. 제주의 사랑스러운 작은 마을들을 보여주고 싶었다. 섬에서도 유난히 조용하고 다정한 마을, 조천리에 위치한 집이었다.

작은 골목에서 짐을 내리고, 주차할 공간을 찾아 동네 골목을 헤맸다. 골목을 서성이던 나에게 먼저 말을 걸어주셨던 동네 아저씨는 내게 가장 주차하기 좋은 장소를 알려주셨고, 부러 앞서 걸어가며 길잡이를 해주셨다. 작은 골목 안에서 마주친 반대편의 자동차를 피해 잠시 옆길로 비켜 있었더니, 운전을 하시던 아주머니는 창문 밖으로 몸을 절반 이상 꺼내어 내게 큰 웃음을 보내시고는 고맙다고 큰 소리로 외치며 손을 흔들어주셨다. 처음 만난 사람에게 이처럼 다정한 마을이라니. 정말로 우리 동네에서 마주한 사람들 같은 기분이 들었다.

우리는 늦은 밤까지 모처럼 오래도록 조용한 수다를 나누었다. 따뜻한 차를 내리고 함께 LP를 듣고, 기다란 돌 식탁에 나란히 앉아 여행의 조각들을 수집하며 각자 일기를 쓰기도 했다. 그녀가 먼저 잠이 든 후, 나는 그러고도 한참이나 긴 시간 동안 그녀에게 응원의 편지를 길게 써 내려갔다.

여행을 마치는 날, 우리는 앞으로의 거친 시간들을 헤쳐나갈 힘을 가득 채웠다. 그녀는 한국을 떠나며, 언제 써두었는지 모를 긴 편지를 내게 건네주었다. 그 속에는 이 여행이 얼마나 특별했는지, 제주에서의 시간이 얼마나 오랫동안 기억에 남을지, 이 모든 순간들이 우리의 어느 날을 버틸 큰 힘이 될 것이라는 이야기가 담겨 있었다. 그것은 내게도 마찬가지였다.

비록 여행이 끝나고 그녀는 다시 그녀의 나라로 떠나갔지만, 우리에게는 이제 서로를 떠올릴 마음의 공간이 생겨났다.

온라인이 아닌 마음으로 연결되는 우리의 기억의 장소. 우리는 그곳에서 채운 다정함으로 또 그렇게 살아가고 있다.

앞으로 꽤 힘든 시간이 찾아오겠지만,

넘어지지 말자. 버텨내보자.

25

편견을 버리고,
다양성을
끌어안기

#다양성 #포용

"다른 것은 틀린 것이 아니다."

자주 되새기는 말이다. 나와 다른 의견을 가진 사람, 나와
다른 언어를 쓰는 사람, 나와 다른 성향을 가진 사람, 나와 다
른 방식을 가진 사람들을 만나는 것은 사실 우리의 매일의 삶
이다. 어떻게 나와 같은 사람이 세상천지에 있겠는가. 기본적
으로 우리 모두는 다 다르다. 다만 유사한 사람들이 있을 뿐
이다. 이런 생각에서 시작해 세상 사람들은 모두 나와 다르다
는 것을 전제로 생각하고, 그 다름을 당연하게 받아들이는 연
습을 해왔다.

내가 버린
첫 번째 편견

대학 때의 일이다. 나는 동아리에서도 인싸 중 하나였다. 내가 앉은 테이블은 항상 시끄러웠고 사람들이 많았다. 그러다 보니 내가 누군가에게 눈길을 주지 않는다면, 그 친구는 동아리의 많은 사람들과 친해질 기회를 쉽게 갖기가 어려웠다.

그렇게 내 마음 밖에 있던 후배가 하나 있었다. 지금 돌이켜 생각해보면 내가 그 후배를 아끼지 않았던 이유는 그저 나의 편견에서 시작된 것이었다. 지나치게 유쾌하다, 친해지려고 노력하는 것은 알겠는데 왠지 모르게 불편하다 같은 이유였던 것으로 기억한다. 지금의 나로서는 이해되지 않는 이유들이었다. 무엇 하나 마땅할 리 없는 그런 이유들로 나는 한참이나 그 후배를 가까이 하지 않았다.

그러던 중 우리는 여름 MT를 섬으로 떠났다. 갑작스러운 태풍이 찾아와 섬에서 예정했던 시간보다 며칠을 더 머물러야 했다. 가져간 쌀과 반찬들도 떨어지고, 집으로 돌아갈 수 있는 날들을 예상하지 못하니 불안함과 지루함이 더해졌다. 그렇게 24시간 선후배들이 함께 가까이 생활을 하다 보니, 보이지 않던 것이 보이기 시작했다.

그 후배는 무척 부지런했다. 남들보다 먼저 일어나 청소를 했고, 누가 뭐라 하지 않아도 제 할 일을 찾아 했다. 지나치게 유쾌하다고 했던 후배의 성격은 그 지루하고 불안한 일상에서 우리에게 자잘한 웃음을 선사했으며, 너무 친해지려고 노력한다고 불편해했던 그 마음은 그 친구의 일거수일투족 마음에 드는 모든 면들을 마주하면서 오히려 내가 그 친구와 가까워지고 싶은 마음으로 바뀌어갔다.

드디어 섬을 떠나던 날, 돌아오는 배 안에서 멀미를 하느라 정신이 없던 나는 그 후배의 보살핌과 도움으로 무사히 배에서 내릴 수 있었다. 너무 오래된 기억이라 더 아름다워졌을 수는 있지만, 분명한 것은 내가 가졌던 못난 편견을 버렸던 역사적인 날이었다는 것이다.

난 그 여행을 오랫동안 곱씹었다. 그 후 한동안 그 후배에게 미안한 마음이 너무 커서 몸둘 바를 몰라 했던 나를 기억한다. 그간 나 때문에 괴로웠던 시간이 있었으면 어쩌나 조바심이 났다. 그렇게 그 후배에게는 제대로 된 사과를 하지도 못한 채 시간이 지나갔다. 그리고 나는 한 가지 다짐을 했다.

절대 첫인상으로 사람을 판단하지 않을 것.

그 다짐을 지키기 위해 나는 누구든 만나게 되었을 때 첫인상을 기억하지 않으려고 노력했다. '그 사람 왠지 별로야'라는 생각이 고개를 들면, 머리를 절레절레 흔들고 그런 생각은 내가 그 사람을 확실하게 알기 전까지 보류하고 지워갔다.

그렇게 수년을 보내며, 나는 어느새 첫인상을 기억하지 않는 방법을 터득했고 그렇게 해서 처음의 어떤 마음으로 누구를 평가하거나 다르게 대하지 않게 되었다. 여전히 때때로 부족할 때도 있지만 항상 자각하려고 노력하는 부분이다.

20여 년이 지난 뒤의 어느 날이었다. 우연한 기회에 그 후배를 다시 만나게 되었다. 후배는 나를 무척 좋은 선배로 기억하고 있었다. 나는 그 시절 못 했던 사과와 그로 인해 변할 수 있었던 나의 마음에 대한 고마움을 전했다. 후배는 전혀 기억나지 않는다며 너스레를 떨었지만, 나는 오늘도 그 후배 덕분에 배운 그 마음을 소중히 여긴다.

소수를 포용하는
마음과 태도

팀원 중 한 명이 비건이다. 처음 그 사실을 듣고는 멋지다고, 어떻게 시작하게 되었냐고 이것저것 물으며 이야기를 했다.

그 이후 우리는 팀 회식이 있을 때마다 식당에 비건 메뉴가 있는지를 확인하게 되었다. 대부분 그 팀원이 회식 장소를 예약하도록 배려했다. 본인이 먹을 수 있는 메뉴가 있는 곳을 편히 고르라는 배려에서였다. 그런데 매번 식당에 가보면, 대체로 그 팀원을 위한 장소라기보다는 대다수의 우리를 위한 장소인 경우가 많았다. 그리고 그는 항상 그 식당의 샐러드 정도를 먹곤 했다. 늘 그 마음에 빚진 기분이었다.

그가 다음 여정을 위해 회사를 떠나게 되었을 때, 우리는 비로소 비건 채식 레스토랑을 예약했다. 그가 100퍼센트 모든 메뉴를 먹을 수 있는 곳. 그곳에서 행복하고 완전한 식사를 하는 그를 보면서, 우리와 달라서 애써준 그의 마음에 조금이라도 보답할 수 있었던 것에 안도했고, 너무나도 맛있었던 비건 식사에 감탄했다. 그를 통해 나는 비건 문화에 관심을 가지게 되었고, 비건인과 함께 식사를 완전하게 즐기는 법을 배울 수 있었다. 우리가 다르기에, 그 다름을 존중했기에 얻을 수 있었던 소중한 배움이었다.

다르다는 것을 이야기할 수 있도록,

다르다는 것을 기꺼이 환영할 수 있도록.

삶을 살면서 내가 만나는 많은 사람들, 당연히 나와 다른 모든 사람들로부터 더 많은 배움들을 얻을 수 있도록 나는 나의 편견을 버리는 연습을 매일 한다. 그렇게 다름을 끌어안는 마음을 키워간다.

26

다르다는 것을
이해한다는 것

#여성리더십

Diversity, Equity & Inclusion, Managing Bias.
다양성, 공평함 그리고 포용, 편견을 다스리는 것.

이 단어들은 나의 삶에서 무척 중요한 가치다. 끊임없이 내가 배우고 있는 가치들이다. 감사하게도 내가 지금까지 속해온 대부분의 조직들이 그 가치들을 중히 여겨왔다. 모든 결정의 가장 기초가 되는 가치이자, 조직의 건강함을 지키기 위한 필수 불가결한 가치들이다.

우리 가족에, 내가 속한 조직에, 더 넓은 세상에 다양한 목소리를 존재하게 하는 것. 그 다양한 목소리들에게 공평한 기회와 공평한 대가가 주어지는 것. 서로 다르더라도 그 모든 다른 목소리들이 서로를 이해하고 불편하지 않게 공존하도록 하는 것. 이 가치들을 내 삶에서 어떻게 실천하며 살 것인지에 대한 생각을 부러 하며 사는 것이 나의 노력이다.

딸의 중학교 입학을 앞두고 교복을 맞추러 간 날이다. 나의 그녀와 나, 그리고 엄마까지 모녀 삼대가 함께 교복 가게로 향하며, 우리는 교복이 왜 필요한가에 대해서 한참 이야기를 나누었다. 그녀는 내가 나의 그 시절 누구에게도 묻지 않았던, 알고 있었지만 생각해보지 않았던 질문들을 던졌다.

"교복을 왜 입어야 해?"

첫 질문부터 말문이 턱 막혔다. 이런 질문을 해본 적이 없었던 것이 부끄러웠다. 사실 학창 시절 친구들과 교복 입기 싫다고 체육복 바지 입고 등교하다 학생주임 선생님께 혼날까 봐 조마조마하며 도망가던 시절의 나 역시 입버릇처럼 했을 말이었지만, 정작 그 이유를 진짜로 궁금해하지 않았다는 것을 깨달았다.

"음, 학업에 좀 더 집중할 수 있도록 하기 위해서? 한창 예민한 사춘기 시절의 십 대들이 느낄 서로의 격차를 좀 덜 느끼도록 하려는 것 아닐까?"

내가 들려줄 수 있는 대답들이었다. 친구들끼리 서로에게 가질 수 있는 편견, 드러날 수 있는 작은 차이로 생길 수 있는 편견을 최소화할 수 있는 도구가 되지 않을까라는 이유를 들어 이야기하면서 그녀가 입어야 하는 교복의 정당성을 합리화했다.

"그런 목적이라면 좀 더 편한 옷이어야 하지 않아?"

또 말문이 막혔다. 왜 나는 이런 질문들을 내가 교복을 입었던 그 수년 동안 하지 않았을까? 그냥 체육복 바지를 교복 치마 아래 입는 것을 즐거운 추억거리 정도로 생각했던 나는 왜 교복은 으레 남자는 바지, 여자는 치마라는 형태로 선택의 여지 없이 받아들이도록 했는지를 물은 적이 없었다.

"그래도 이제는 여자도 바지 교복을 선택할 수 있으니까 다행이네!"

이런 대화를 주고받으며, 우리는 바지 교복을 선택하기로 하고 교복 가게에 들어섰다.

그런데 교복 가게에 들어서자마자 주인 아주머니가 우리에게 아무것도 묻지 않고 치마부터 건넸다.

"저희는 바지를 맞출 건데요."

우리는 아주머니가 건넨 치마를 받지 않고 대답했다.

"그 학교 여학생 중에 치마 안 맞춘 친구는 한 명밖에 없어."

아주머니가 재차 치마를 내밀었다.

"그래그래, 여자아이들은 치마 입어야 예쁘지."

할머니가 옆에서 거들었다.

"바지 입는 여학생이 한 명이라고 해서 그 결정이 틀린 것은 아니잖아. 여자라고 치마 입어야 예쁘다는 건 편견이야."

나와 그녀는 거의 동시에 반박했다. 결국 우리는 "요즘 애들은…" 이렇다 저렇다 하며 이야기하는 주인 아주머니를 뒤로하고, 바지 교복을 맞추고 가게를 나섰다.

'편견을 다스리는 것'에 대해 배우는 일이 내게 특별했던 이유는, 나 스스로가 얼마나 많은 편견으로 똘똘 뭉친 사람이었는지를 깨달았던 많은 순간들 때문이다. 의식하고 있는 편견들은 열심히 다스리며 살고 있다고 자부했는데, 미처 의식하지 못한 편견이 내 안에 아주 깊숙이 자리하고 있다는 것을 마주할 때면 깜짝 놀라곤 한다.

우리 한 사람 한 사람의 마음속에 이런 무의식에 기반한 편견들이 작용하고 있는 사이에, 그 한 사람 한 사람이 모인 조직에서는 더 큰 무의식의 결정들이 이루어진다. 그렇다면 수많은 조직이 모인 이 거대한 세상에서는 얼마나 더 힘이 센 편견들이 많은 일들을 움직이고 있을까. 우리가 더 큰 용기를 내고, 그 편견을 다스리며, 다름을 포용하고, 이해하는 삶을 끊임없이 추구해야 하는 이유다.

열렬한 동맹자가
되어주는 것

우리가 편견을 다스리고 젠더와 다양성 등의 영역에서 평등을 이루어나가기 위해서는 어느 한쪽의 노력만으로는 부족하다. 변화를 만들기 위해서는 반드시 또 다른 한 축의 지지자, 동맹자(Ally)들이 필요하다. 여성과 남성이, 소수자와 소수자를 지지하는 사람들이 문제의식에 함께 공감하고, 뜨거운 동맹 의식을 갖고, 열렬한 지지를 보내줄 때 비로소 우리는 변화의 시작을 꿈꿀 수 있다.

"용기란 우리가 기를 수 있는 근육이다."

브레네 브라운의 『리더의 용기』의 한 문장이다. 용기란 우리가 기를 수 있는 근육이라고 쓰여 있던 그 페이지를 종종 펼치곤 한다. 나를 위해, 우리를 위해, 우리의 아이들, 그리고 더 나은 세상을 위해 용기라는 근육을 단련시켜야 한다고 다짐한다.

건강한 사람들이 모여 건강한 조직을 이루고, 그 건강한 문화를 지키기 위해 노력하는 모든 시간들, 그것이 우리가 살고 있는 시대를 조금씩 더 나아지게 만든다는 믿음으로. 그 세

상을 우리의 아이들이 마주하기를 희망하는 마음으로 내일의
우리의 삶을 기대한다.

다양한 목소리를 존재하게 하는 것.

그 다양한 목소리들에게

공평한 기회와 공평한 대가가

주어지는 것.

27

응원
일기

#응원

응원 일기를 쓴다.

퇴근하던 길에 문득 그 친구가 떠올랐다. 열심히 나의 밤들을, 여러 사람의 밤의 시간들을 응원해주던 나의 치어리더. 이 친구가 풀 죽은 어깨로 내 앞에 서서 회사를 그만두게 되었다는 이야기를 전했던 그 짧은 밤의 만남이 자꾸만 마음에 걸렸다.

"퇴사, 뭐 할 수도 있지! 그다음은 새로운 시작인걸!"

그렇게 쿨하게 어깨를 토닥이고는, 시간이 많지 않아 헤어져 집으로 돌아오게 되었다.

나는 그 친구가 그 결정으로 자신을 탓하지 않기를 바랐다. 짧은 만남에서 미처 해주지 못한 그 이야기 때문에 내내 마음이 쓰였다.

결국 12시가 다 된 늦은 밤, 전화할 수 있느냐고 메시지를 보냈다. 곧바로 전화벨이 울렸다. 무슨 대단한 이야기를 전하려던 것은 아니었는데, 어떤 지체도 없이 걸려온 그 친구의 전화를 받고 있자니 마치 이 시간 누군가의 마음을, 응원을 기다리고 있었던 것이 아니었을까 하는 생각이 고개를 들었다.

지난밤에는 자초지종을 들을 시간도 없이 서둘러 토닥여주기만 했던 것 같아, 이번에는 그 친구의 이야기를 듣기로 했다. 어떤 마음으로 이직한 지 얼마 되지 않았던 회사를 다시 퇴사하게 되었을까. 반복된 퇴사가 혹여라도 이 친구의 마음에 그 어떤 잔여물로 남게 되지는 않을까 하는 걱정이 앞섰다.

"저는 어쩌면 팀으로 일하는 것에 적합한 사람이 아닌 게 아닐까 하는 생각이 들었어요."

아, 이 친구는 좋은 팀을 만나고 싶은 것이었구나.

좋은 팀이란 무엇일까. 나에게 좋은 팀이란 '안전지대'다. 어려우면 어렵다고 쉽게 이야기할 수 있는 팀, 내가 잠시 기대어도 좋냐고 말하는 것에 주저하지 않아도 되는 팀, 작은 탄식의 소리에도 크게 호들갑 떨며 편들어주는 다정한 팀. 나에게는 그런 안전함을 누릴 수 있는 팀이 좋은 팀이다.

팀장으로서 긴 시간을 보내며, 나는 어떤 면에서는 부족하기도 하지만 반드시 이런 마음을 담아낼 '좋은 팀'을 만드는 것이 나의 역할이라고 생각하며 노력해왔다. 이렇게 '좋은 팀'을 만나고 싶다고 떨리는 마음을 드러내는 친구들을 만날 때마다 나의 거대한 팀을 꿈꾼다. 내 팀에 수백, 수천의 사람들을 담고 싶다고 욕심이 나는 순간이다.

"내가 그대의 팀장이 되어줄게! 나의 멋진 팀원이 되어줘!"

이 친구가 '팀'으로 나아갈 수 있게, 그 마음이 조금 단단해질 수 있게, 그다음 발을 기꺼이 디디도록 응원해주고 싶었다. 그렇게 우리는 작은 개인 프로젝트 하나를 함께하기로 약속했다. 그녀가 전화를 끊으며 고맙다는 인사와 함께 한마디를 덧붙였다.

"오늘 밤은 일기를 쓰고 자야겠어요!"

집에 돌아와 책상 앞에 앉아서 그 친구의 일기를 상상해보았다. 입가에 웃음을 띠고는 나도 새로운 일기장을 하나 꺼내 펼쳤다.

나에게 돌아오는
응원의 힘

하루에도 수십 번의 응원을 전한다. 누군가의 DM에 답변하며 응원하고, 누군가의 인스타그램 피드 속의 댓글로 응원하고, 복도를 지나가다 동료와 후배들의 어깨를 토닥이며 응원하고, 아침마다 등교하는 그녀에게 오늘도 좋은 하루를 보내라고 인사하며 응원한다.

때때로 나의 응원이 필요하다고 찾아오는 사람들이 있다. 그들에게 나의 에너지를 전해주고, 그들의 응원이 필요한 그 순간에 대해서 이야기를 듣고, 같이 고민하고, 같이 아파하고, 같이 즐거워한다. 그 응원의 순간들이 결국 어떤 힘이 될 것이라는 막연한 생각이 들었을 때 나는 그 응원의 순간들을 모으기로 마음먹었다. 그렇게 해서 응원 일기를 쓰기 시작했다. 그날 밤의 새로운 일기장에는 어느새 응원을 했던 많은 순간들이, 내게 전해진 응원의 메시지들이 모아지고 있다.

오늘 누구에게 어떤 응원을 전했는지, 나의 매일의 일기가, 나의 매일의 하루가 내가 나를 응원하는 시간뿐 아니라, 내가 누군가를 응원했던 시간으로 채워졌다는 것이 삶을 몇 곱절로 사는 기분이 들게 해주었다.

그러다 내가 나에게 해주는 응원이 필요한 날, 그 응원의 말조차, 마음조차 내기 힘든 그런 하루를 마주했을 때 그 일기장을 펴 들었더니, 내가 전했던 그 많은 응원의 힘들이 그 안에 고스란히 들어 있었다. 그 응원의 말들로 나는 나에게 응원을 전한다.

28 나를 응원하는 시간

#응원　　#성장

　　나이가 들면서 내가 못하는 것이나 내가 하기 싫은
것은 안 해도 되는 작은 권력들이 생긴다. 그런데 그렇게 이
리저리 피하고 비켜 가다 보니, 언젠가는 필연적으로 마주할
그 어떤 순간에 겁이 나기 시작했다. 내게는 그 겁이 나는 것
이 혼자 시간을 보내는 순간이다.
　혼자 카페에 앉아 있는 것, 혼자 멋진 식사를 하는 것, 혼자
노을을 보는 것 등이 내가 어려워하는 일들이다. 문득문득 앞
으로 그런 시간 또한 건강하고 단단하게, 나 스스로에게 다정
하게 보낼 수 있는 시간으로 만들어내고 싶다는 생각을 하면
서도, 동시에 여전히 그것을 어떻게 해내야 할지 모르겠는 양
가감정이 들곤 한다.

그래서 나는 내가 못하던 것들을 시도해보기로 마음먹었다. 못하던 것을, 한 번 해본다. 혼자 카페에 앉아 몇 시간 동안 글도 쓰고, 책도 읽고, 커피도 마시고, 사진도 찍으면서 보냈다. 생각보다 그 시간이 즐거웠다. 외롭지 않았다. 힘들지도 않았다.

그리고 두 번 해본다. 다시 또 다른 날, 다른 카페에서도 나 혼자의 시간을 잘 보냈다. 이렇게 혼자 카페에서 시간을 보낼 수 있게 된 내가 좋았다.

어른이 되고도 여전히 못하는 것, 하기 싫은 것들을 쭈욱 적어보았다. 이렇게나 많은 것들을 못 하고 있고, 하기 싫다고 피하고 있었다니! 앞으로 이 능력치를 조금씩 키우면서 나의 마음의 성장을 누려야겠다는 기대가 생겼다.

서툰 나를 이해하고
기다려주는 것

출장 후 비행기 시간 차이 때문에 혼자 남게 된 시드니에서 나는 호텔 방 안에서 늦잠이나 자다가 비행기를 타러 가야지 하는 생각으로 혼자인 시간을 피하려고 했다. 그러다 문득 너무나도 아름다운 날씨 앞에서 나의 용기 없음이 무척 화가 났다.

'뭐가 그렇게 어렵다고!'

그길로 침대에서 뛰어나와 밖으로 향했다. 자전거를 빌려 타고 시드니 거리를 달렸다. 이렇게 좋은걸! 왜 혼자 못 한다고 겁을 냈을까. 혼자여도 이렇게 좋을 수 있는데. 그렇게 달려서 시내 한가운데 멋진 공원에 도착했다.

한숨 쉬어가면서 커피를 마시니 스멀스멀 또다시 혼자라서 싫은 그 마음이 기어 올라왔다. 이제 그만하고 돌아갈까 하는 마음이 고개를 들 무렵, 이렇게 그냥 들어가서 호텔에서 밥을 먹는다는 것은 말도 안 된다며 고개를 절레절레 흔들고 다시 일어섰다. 택시를 타고는 기사 아저씨에게 해변가로 가달라고 이야기하며, 한 서너 시간 정도 혼자서 해변가에서 무엇을 하면 좋겠냐고 조언을 구했다. 아저씨는 해변길을 따라 산책로가 있으니 그 길을 마냥 걸어가보라고 했다.

해변에 도착해 긴 걷기 여행을 떠나기 전 배를 채워야겠다는 생각에 주변의 식당들을 둘러보았다. 진짜 가고 싶은 곳은 그곳의 멋진 레스토랑들이었는데, 혼자서 들어가기가 영 부담스러워서 패스트푸드 레스토랑으로 발길을 돌렸다. 그러다 스스로에게 다시금 외쳤다.

'피하지 말고! 겁내지 말고! 해보자고!'

그렇게 해서 눈에 들어온 타파스집에 들어갔더니, 혼자 왔으니 요리하는 모습도 구경하고 셰프들과 이야기를 나누면 좋겠다며 나를 키친바의 자리로 안내했다. 키친바에서 나는 혼자 무려 한 시간 반 동안 그곳의 대다수의 메뉴를 다 먹어 가며 즐거운 시간을 보냈다.

그렇게 배부르게 먹고 기분 좋은 상태로 나는 해변 산책길을 걷기 시작했다. 이대로라면 무척 잘 해낼 수 있을 것 같았다. 혼자 여행을 이렇게 잘 해내다니. 뿌듯한 마음에 어깨가 으쓱했다. 그렇게 걷기 시작한 나의 해변 길 여행, 그런데 나는 마치 걷기 시합에 나간 사람처럼 파워 워킹으로 숨을 헐떡이며 걷고 있는 것이 아닌가.

숨이 차고 더워서 잠시 벤치에 앉아서 바람을 맞으며 휴식을 취했다. 바람이 무척 좋았다. 눈앞에 펼쳐진 장면 또한 너무 아름다웠다. 그 순간 '내가 꼭 지금 이 벤치를 떠나 일어나서 힘겹게 걸어가야 할 이유가 있는가?'라는 생각이 들었다. 그 이유가 없는 나는 잠시 망설였다. 그러면 어떻게 해야 하지? 이 자리에 그냥 앉아 있으면 되나? 이런 질문들이 머릿속에서 꼬리를 잇다가, 문득 품 하고 웃음이 나고 말았다.

'내가 참 이렇게 서툴구나. 서툰 나를 이해해주고, 기다려줘야겠다.'

마음먹었다고 한 번에 멋진 솔로 여행자가 되는 것은 아니었다. 마음을 먹었다가도 어려워졌고, 어려워졌다가도 다시 마음을 먹었다. 그렇게 나는 나와의 대화를 하며, 나를 다독이며, 나를 응원하며, 해변 길 5킬로미터를 천천히 걸어 그곳의 멋진 장면들을 모두 마주했다. 벅차게 웅장했던 바다도 보았고, 귀여운 남매와 모래 장난도 함께 했고, 찬란하고 아름다운 메모리얼 공원에서 아빠 생각도 하고, 멋진 서퍼들의 서핑 장면들을 영상으로 담기도 했다.

나를 응원하는 시간, 오롯이 나를 나로 마주하고 존중하는 시간들 덕분에 나는 조금 커서 돌아왔다. 여전히 하기 싫은 것, 어려운 것들투성이다. 하지만 나는 조금씩 피하지 않고 용감해지기로 했다. 그렇게 조금 더 나은 어른, 조금 더 성장한 어른이 되겠다고 마음먹는다.

29

퇴사
인사

"귀한 시간과 공간 내주시고, 여러모로 배려해주신 마음 늘 감사하게 생각하고 있습니다. 이 소중한 경험과 마음들 오래 간직하며, 또다시 좋은 곳에서 뵙기를 기대하고 있을게요!

비가 무척 내리던 주말, 상무님만의 생생한 에너지와 소중한 경험들 나눠주시며 이야기 나누던 그 시간은 제게도 무척 인상적이고 의미 있는 시간이었습니다. 좋아하는 것은 드러내는 것이라고 했던 말도 무척 기억에 남고요. 뜻깊은 시간 만들어주셔서 다시 한번 진심으로 감사드려요.

인스타그램으로 늘 유익하고 흥미로운 이야기와 정보들 전해 받고 있지만, 또 흥미로운 프로젝트가 있다면 소식 전해주세요. 저도 도울 수 있는 역할이 있다면 최선을 다할게요.

그럼, 또다시 만나기 전까지 탈 없이, 기쁜 일들로 가득하길 바랍니다.

건강! 건강! 하시고, 서로 더 좋은 모습으로 뵈어요.

늘 응원하겠습니다!"

"무엇보다 함께하는 사람들에게 응원과 도움을 주는 데 진심이었던 올리부 님을 가까이서 보면서 일하는 마인드와 일상의 태도까지 정말 많이 느끼고 배울 수 있어서 영광이었어요. :)

이곳의 팀원으로는 여기까지지만, 그토록 갖고 싶던 시간부자가 되었으니 이 모든 시간들을 더 신나게 온전히 즐겨보려고 해요. 올리부 님과 일할 수 있어서 정말 감사했어요.

앞으로도 여러 기회, 그리고 새로운 자리에서 또 뵐 수 있는 날을 기다릴게요!

Team Olive, Forever!"

그대들의 퇴사를, 그 새로운 시작을 응원하며

출장에서 돌아오는 길, 비행기를 기다리며 공항 라

운지에서 메일함을 열었다. 나란히 두 통의 퇴사 인사 메일이 도착해 있었다.

요즘 부쩍 누군가의 퇴사 메일들을 받는다. 그들은 나와 같은 회사 사람들이 아니다. 나를 인터뷰했던 에디터로부터, 열심히 응원했던 스타트업의 직원으로부터, 너무 좋아해서 종종 들르던 가게의 스태프로부터, 우리 프로젝트에 참여했던 아르바이트 친구로부터 오는 메일이다. 그들은 나와의 시간을 기억하고, 함께 나눈 응원의 마음을 기억하고, 누구 할 것 없이 나와 우리에게 응원을 보낸다. 나 또한 그들에게 뜨거운 응원의 마음을 담아 답장한다. 그대들의 새로운 여정의 용기를 응원한다고.

나는 지금까지 다섯 번의 퇴사를 했다. 퇴사 인사는 내 결정과 선택을 다시 한번 들여다보는 무척이나 진지하고 뜨거운 과정이다. 나 역시 퇴사 인사를 준비할 때면, 함께했던 사람들에게 어떤 마음을 전하고 갈지를 고민하느라 몇 번이고 눈물을 훔치곤 한다.

처음 몇 번의 퇴사 인사는 마치 이것이 그들과의 마지막 인사인 것처럼 슬픔과 아쉬움만이 가득했다. 하지만 퇴사 이후에도 그들과 종종 만날 수 있다는 것, 그리고 다른 조직에서 또다시 동료로 만나게 될 수도 있다는 것을 경험한 뒤로는, 나의 퇴사 인사는 항상 그들과 어딘가에서 다시 동료로 만날 수 있다는 희망을 담기 시작했다.

또한 나의 퇴사 인사뿐 아니라 동료들의 퇴사 인사를 받을 때도, 헤어져서 슬프다고 눈물 콧물 흘리던 시절을 지나 이제는 그들의 새로운 여정을 응원하기 시작했다. 나는 그렇게 종종 예전 동료들을 다시 만나고, 그들과 함께 다시 한 조직에서 일하고, 서로를 믿고 지지하는 시간들을 선물받기도 한다.

더 큰 하나의 팀으로
만날 수 있다는 것

문득 나의 다음 퇴사 인사를 떠올려본다. 어떤 마음을 담을 것인지, 그리고 또 누구에게 그 이야기를 전할 것인지를 생각해본다. 퇴사 인사라는 단어를 떠올리자마자 마음이 황망해지고 눈물이 불쑥 났다. 그러다 문득 나의 팀이었다가 나의 팀이 아니게 된 사람들과의 지금을 생각했다. 십여 년 전의 나의 인턴들은 아직도 나와 함께 그들의 성장을 이야기하고, 함께 늦은 밤의 스터디도 하곤 한다.

퇴사라는 것은 내가 속한 한 조직을 떠나 새로운 조직을 향해 한 발을 건너가는 것뿐이지, 사랑했던 나의 팀원들과 함께 일했던 사람들에게서 마음을 거두는 것이 아니다. '평생에 걸쳐 거대한 올리부 팀을 이루어가는 여정 중이다'라고 생각하며, 언젠가가 될 다음 퇴사 인사를 적어보았다.

You are really Awesome.

고마웠고, 고마웠고, 고마웠던 나의 사랑하는 그대들. 나에게 새로운 여정이, 또 그리하여 그대들에게도 새로운 여정이 펼쳐지게 되는 그런 시점을 드디어 마주했네. 이 팀의 첫 사람이 되었다가, 그렇게 한 명 한 명 모인 우리 팀이 어느새 이렇게 큰 팀이 되었어. 그사이에 누구도 떠나지 않아주어서 얼마나 고마웠는지. 그렇게 그 처음이었던 내가 또 이렇게 처음으로 떠나는 사람이 되고 보니, 나의 이 결정은 결국 그대들보다 한발 앞서 용기를 내어 도전과 모험을 향해 먼저 떠나보는 그대들의 대장 역할을 하기 위해서인 것 같다는 생각이 들어.

Team Olive, 결국 우리는 언제든 한 팀으로 다시 모일 수 있는 사람들이니까. 그것이 꼭 같은 회사의 같은 팀으로서가 아니라, 이제 더욱 넓은 의미의 한 팀이 되었다고 생각하니 한 사무실에서 함께 존재하지 않을 나의 부재의 시간들을 슬퍼하기보다는, 앞으로 무엇이든 함께할 수 있는 자유로운 한 팀이 되었다는 사실에 더욱 기뻐하고 우리 모두를 응원해보려고 해.

우리 서로가 서로에게 기댔던 시간들, 그 시간들을 통해서 내가 좀 더 좋은 어른으로 성장했기를.

고마운 나의 사람들. 우리 부디 서로에게 지금의 이 응원과 지지의 마음을 앞으로도 잃지 말고 계속 함께 더욱 아름다운 삶을 살아가봅시다.

From.

그대들의 모든 순간을 응원하는 그대들의 대장, 올리부.

우리 서로가 서로에게 기댔던 시간들,

그 시간들을 통해

내가 좀 더 좋은 어른으로 성장했기를.

PART 4

여정의
시작

이것은
끝이 아닌,

30

이것은
끝이 아닌,
여정의 시작

(#성장) (#태도)

이것은 우리의 여정의 끝이 아니다.

이것은 우리의 시작이다.

It's not the end of your journey.

It's the beginning of your journey.

이매진컵은 마이크로소프트가 주최하고 학생 개발자와 기획자, 디자이너들이 참여하는 세계 소프트웨어 개발 대회다. 마이크로소프트에서 나는 이매진컵과 '마이크로소프트 학생 파트너(Microsoft Student Partner)'라는 대학생 대외 활동 프로그램 커뮤니티를 운영하는 일을 처음 맡았었다.

이매진컵의 주제는 '세상이 함께 해결해야 하는 문제를 기술로서 해결하라'였다. 유엔(UN)이 제시한 '지속 가능 개발 목표(SDG, Sustainable Development Goal)'가 이들이 풀어야 하는 문제의 핵심이었다. 가난이 없는 세상, 굶주리지 않는 세상, 모든 사람에게 공평한 건강할 권리, 양질의 교육, 공평한 기회, 성평등, 기후 행동 등 총 17개의 주요한 문제들이 주어진다. 학생들은 기획자, 디자이너, 개발자들이 함께 모여 팀을 이루고 그 문제를 해결할 자신들의 솔루션을 고민하고 기획하고 개발한다.

이직을 하자마자 처음 몇 개월 안에 진행해야 했던 이매진컵 한국 본선은 나에게 신세계였다. 이런 문제를 고민하는 젊은 친구들과 몇 달을 밤을 새우며 치열하게 무엇인가를 만들어가는 과정, 그런 뜨거운 친구들을 만나게 되는 것 자체가 나에게는 그 무엇으로도 대체할 수 없는 큰 동력이었다.

끝이 아니라
다시 시작하는 중입니다

처음 한국 본선을 마치고 세계 대회 결선에 오른 한국 팀들을 인솔하여 뉴욕에서 열리는 이매진컵 본선 대회에 갔을 때였다. 매일매일 숨 가쁘게 진행되는 대회 일정도 엄청났지만, 그들이 뿜어내는 열정과 에너지는 내가 상상했던 것 이상이었다.

대회 첫날, 결선 프레젠테이션을 하고 나면 그날 밤 다음 날 라운드에 진출하게 되는 나라 팀들을 발표한다. 그러고 나면 그날 밤을 또 지새워 다음 날의 라운드를 준비해야 했다. 첫날 밤 우리 한국 팀은 두 팀은 탈락하고 한 팀이 살아남았다. 우리는 탈락한 팀들까지 모두 합세하여 살아남은 한 팀을 위해 밤을 지새우며 준비를 했다.

그런 치열한 시간들을 보내면서 나는 세계 각국의 학생들을 만나게 되었다. 그들은 그곳에 있는 누구에게든 무척 적극적으로 손을 내밀었다. 라운드의 탈락 여부가 그들에게 전혀 중요해 보이지 않았다. 그들은 어디에서든, 누구든 그 안에 있는 사람들에게 본인들의 프로젝트를 소개하고, 그것이 어떻게 세상을 바꾸려고 하는지를 이야기했다. 그리고 멈추지 않을 자신들의 여정을 응원해달라는 부탁도 잊지 않았다.

나는 그때마다 붙들려 그들의 이야기들을 듣고, 응원을 전하면서도 무척 의아했다. 한국 학생들과 나눈 비행기 안에서의 대화가 떠올랐다. 모두가 탈락하게 된다면, 우리 뉴욕 여행이나 진하게 하고 가자며 너스레를 떨고 왔던 것이다. 탈락한 학생들이 대회장을 떠나지 않고 본인들의 프로젝트를 소개하느라 대회장 여기저기 어디든 프레젠테이션 무대가 되는 이 광경. 그중 한 팀에게 그 의아한 지점에 대해 질문을 던졌다.

"너희들은 탈락을 했는데 왜 이렇게 계속 너희들의 프로젝트를 소개하고 있는 거니?"

"당신들이 그랬잖아요. 이것은 우리의 여정의 끝이 아니라, 우리의 시작이라고. 그러니 우리는 다시 시작하는 중인 거죠!"

(It's not the end of your journey. It's the beginning of your journey.)

전날 결승전 진출 팀을 발표하면서 대회의 주최자인 우리는 학생들에게 이 메시지를 전했다. 비단 결승 진출 팀은 몇 팀 되지 않지만, 그렇다고 탈락한 모든 팀들의 여정이 여기서 끝난 것이냐고 묻는다면 그것이 아니라는 것. 이것이 바로 그들의 여정의 진짜 시작이라는 것.

그 뜨거운 대답, 그 진짜의 마음들을 품은 청춘들을 나는 이매진컵을 담당한 수년 동안 수없이 만났다. 예전에 탈락했던 팀들이 몇 년이고 다시 결선에 나와 개선된 솔루션들을 선보이고, 기어이 완성된 솔루션으로 세계 1등을 하는 감격스러운 순간도 함께했다.

무릎 꿇지 않고
다음 발을 떼는 것

뉴욕 대회 때 한국의 한 학생 개발자가 내게 메시

지를 보내왔다. 본인은 세계 일주를 하던 중인데, 그 일주의 마지막을 이매진컵으로 하고 싶다는 메시지였다. 현지에서 우리를 도와줄 친구를 찾던 차에 그렇다면 서로에게 도움이 되겠다 싶어서 기꺼이 행사에 초대했다.

커다란 배낭을 지고 온 한 남학생이 보였다. 누가 봐도 '나는 지금 세계 일주 중입니다'라는 것을 알아볼 수 있을 만한 차림새였다. 그가 화려한 뉴욕의 호텔 라운지에서 두리번대며 우리를 기다리고 있었다. 그 친구는 대회에 참석한 전 세계 학생들의 솔루션들을 하나하나 모두 살펴보고, 그들의 프레젠테이션 무대를 모두 참관했다. 그리고 한국 팀들의 결선 무대를 도우며 그 누구보다 이매진컵을 제대로 누렸다.

그해 한국으로 돌아온 그 친구는 다음 해 이매진컵을 준비하여 한국 대표팀이 되었다. 그렇게 다음 해 나와 함께 호주 시드니로 가서 세계 결선 무대에 서게 되었다. 아쉽게도 그 팀은 결선 무대에서 최종 우승까지 가지는 못했다. 하지만 그 이후 지금까지 수년간 나는 그 친구가 인생의 결정들을 하는 과정을 지켜보며, 그가 그 시간들을 통해서 배웠을 마음과 인생의 중요한 가치들이 어떻게 그의 인생을 이끌어가는지를 보게 되었다.

때로는 인생에서 이것이 끝인가 하는 때가 온다. 실패했고, 더 이상 앞으로 나아가지 못하는 끝을 마주했다고 느껴지는 그런 때를 맞이한다. 하지만 나는 그 시절 그 청춘들이 외치던 "이것은 끝이 아니라 우리의 시작!"이라는 그 말을 떠올린다. 끝이 아니라 시작인 마음, 그 마음으로 무릎 꿇지 않고 다음 발을 떼는 우리를 응원하며.

"이매진컵 할머니가 되고 싶어!"
종종 이야기했던 나의 소망을 오늘도 다시 한번 내뱉어본다.

31

여전히
담대하지도,
의연하지도 못하지만

#성장   #마음   #태도

　　나는 의연하지 못한 사람이다. 어린 시절 딸 셋의 첫째 딸이었던 나는 항상 부모님이 외출하시고 나면 혼자 휘몰아치는 불안감을 꽁꽁 싸매고 어딘가 숨어 눈물을 훌쩍였다. 엄마 아빠에게 혹시라도 사고가 생기면 어쩌지. 두 동생들과 함께 앞으로 나는 어떤 삶을 살아가게 되는 걸까. 제일 먼저 내가 해야 할 일은 무엇일까. 왜 그런 벌어지지도 않은 순간들을 상상하며 불안감에 쫓기고 눈물을 찔끔대고 있었는지 알 수 없었다. 그냥 매번 그랬다. 나는 내게 다가올 수 있는 '그 어떤 순간'에 의연하지 못한 사람이었다.

　　스물몇 살이 된 어느 날, 나는 내가 어른이 되었다고 생각했다. 경제적으로도 독립할 수 있고, 내게 주어진 내 삶이 오롯이 나만의 삶인 것 같다 느껴졌다. 작은 회사를 시작하자는 사람들과 함께 창업을 결정했다. 기대와 다르게 어려운 상황들을 겪으면서 마음 한구석으로 나의 일 년 뒤가 상상되지 않는 그런 터널 같은 시간을 보낸 적이 있었다. '아무리 노력해도 잘하지 못하는 삶을 맞이할 수 있다는 것을 처음 배운 그해 겨울을 나는 의연하게 받아들이지 못하고 마음을 동동거리며 많은 눈물을 흘렸다.

서른의 중반에 나는 엄마가 되었다. 진짜 어른이 된 줄 알았던 나는 이렇게 서른몇 해를 살아가고도 모르는 것투성이였고, 자꾸 부족한 스스로를 다그치며, 옳고 그른 길에 대한 판단을 보류하며, 순간에 대한 결정을 앞에 두고 어리석은 선택을 하곤 하는 스스로에게 실망하며 마음이 괴로웠다. 나는 참으로 그 많은 순간에 의연하지 못했다.

마흔몇이 된 나는 여전히 잠이 든 딸아이가 미동도 없이 자는 모습에 손이 따뜻한지, 쌔근대는 숨결에 배가 들락날락하는지, 잠든 아이의 손을 잡아보고 끌어당겨 안아보고 하면서 이름 모를 불안을 달래곤 했다.

나는 유독 상실에 대해 겁이 났다. 오늘 내게 존재하던 순간이, 오늘 내 옆에 있던 누군가의 숨결이, 내일 존재하지 않을 수도, 내일 곁에서 느낄 수 없을지도 모른다는 생각이 떠오를 때면 어김없이 겁이 났다. 마흔이 넘어서도 나는 의연하지 못한 사람이구나. 나는 언제쯤 의연하게 담대하게 모든 순간을 마주할 수 있을까.

내 삶을
담대히 살아가리라는 다짐

Be Bold, Stay Cool.
담대하고 의연한 마음.

무척 긴 시간 나의 인스타그램 프로필에 적혀 있었던 문장이다. 겁 많은 나의 마음이 나에게 저 문장을 그리 오랫동안 붙들고 있게 한 것이 아닐까.

나는 정말 긴 시간 동안 내가 무척 단단한 사람이길 바라왔다. 그 어느 순간에도 담대하고 의연한 어른이 되었으면 하는 바람이었다.

아빠가 돌이키기 어려운 시기의 암에 걸렸다는 사실을 나는 의사로부터 혼자 들었다. 의사 선생님은 정밀 검사를 통해 확진을 내릴 때까지 그 사실을 혼자 알고 있으라고 충고해주었다. 심장이 쿵쾅대고 혼란스러웠다. 나는 판단해야 하는 사람이었다. 결정을 해야 하는 사람이었다.

"그럼 제가 이제부터 무엇을 해야 하나요?"

아빠가 돌아가시던 날 밤, 응급실에서 아빠가 한 차례 숨이 멎었던 순간을 나는 혼자 맞이했다. 오열했던 그 순간에도 나는 가족 모두가 무너져버릴 이 순간에 버텨줄 사람이 되어야 했다.

"마음의 준비들 하고 병원으로 와."

다행히 심폐소생술을 하고 아빠는 우리에게 잠시의 시간을 벌어주셨다. 가족들이 모두 아빠에게 올 수 있는 그 시간을 버텨준 아빠 곁을 홀로 지키는 동안, 내내 나는 담대하고 의연한 첫째가 되고 싶었다. 아빠 손을 단단하게 붙들고 약속했다.

"아빠, 나는 담대하고 의연한 어른이 될게."

내 삶을 담대히 살아가리라는 다짐. 담대하고 의연한 어른이 되고 싶다는 다짐. 마흔다섯이 넘어서야 생의 끝에 계셨던 아빠에게 소리 내어 그 결심을 이야기했다.

여전히 종종 눈물을 흘리고, 두려워하고 겁이 난다. 아직도 충분히 담대하지도, 의연하지도 않지만 지금 다시 나 자신에게 이야기해준다. 내 삶의 어느 순간도 담대히 맞이할 수 있는 의연한 사람이 되자는 그 결심을. 담대하고 용기 있게.

담대하고 의연한 어른이 되고 싶다는 다짐.

마흔다섯이 넘어서야

생의 끝에 계셨던 아빠에게

소리 내어 그 결심을 이야기했다.

32

나를 위한
시간에도
연습이 필요하다

#워킹맘 #자기관리

사력을 다해 지켜낸 한 시간.

나는 하루의 운동 시간을 지켜내기 위해 사력을 다한다고
말하곤 한다. 운동을 하느라 사력을 다하는 것이 아니라, 운
동하기 위한 한 시간을 만들어내느라 사력을 다하는 것이다.

나를 위한 시간이 죄책감으로 느껴졌던 시절이 있다. 내가
나를 위해 쓰는 시간이 사치라고 느껴졌다. 그 사치스러운 한
시간은 결국 내 아이와 내 엄마가 나를 위해 희생해야 하는
시간이라고 생각했기 때문이다. 그래서 어느 한 시간도 마음
편하게 나를 위해 쓰기가 어려웠다.

지금 생각해보면, 그 시절 나는 지나치게 최선을 다했다. 되도록 아이와 떨어져 있는 시간을 줄이기 위해 미국 출장을 무려 1박 3일로 다녀왔다. 잠은 오고 가는 비행기에서 자고, 최소한의 시간만을 체류하고 돌아오는 그런 무리한 일정들이 허다했다. 비행기 안에서 불편한 잠을 자면서 나는 오히려 마음이 편했다.

스키장에서 깨달은
나의 시간의 아름다움

그러던 어느 날, 강연 때문에 방문했던 스키장에서 하룻밤을 머물게 되었다. 누구도 나에게 당일치기로 다녀오라고 강요한 사람은 없었다. 엄마는 언제나처럼 나의 가장 큰 지지자였고, 조력자였다. 내가 그날 그곳에서 하루 더 지내고 간다고 나를 꾸짖을 리는 만무했다. 아이 또한 언제나 그랬듯 "엄마 잘 다녀와! 내일 봐!" 하면서 환하게 웃어줄 것이었다. 그 시간을 허락하지 못하는 것은 내 마음이었다. 그 마음을 이겨보기로 했다.

그날 강연이 끝나고 저녁 시간이 되었을 때, 나는 밥도 안 먹고 몇 시간을 내리 스노보드를 탔다. 밤 12시에 눈을 정설하기 위한 브레이크타임이 시작되자, 그제야 눈밭에 주저앉아 휴식을 취했다. 그렇게 눈발이 흩날리는 아름다운 눈산을 멍하니 바라보고 있는데, 갑자기 지금 이 순간이 꿈이 아닌가 하는 생각이 들었다. 나를 위한 즐거움을 신나게 누렸던 다섯 시간이 나에게는 이렇게 비현실적으로 느껴지는구나 하는 생각에 어안이 벙벙했다.

나는 나를 너무 아껴주지 않았구나 하는 생각이 들었다.

나도 때로는 이런 즐거움을 누리는 시간들이 마땅하다고, 괜찮다고 나 스스로에게 허락해주었으면 좋겠다고 생각했다. 그 누구도 아닌 내 마음이 그것을 허용해야 하는 일이었다. 이 마음도 어쩌면 연습이 필요하겠다는 생각이 들었다. 그 연습을 나는 사력을 다해서 했다.

10시간을 지켜내야
얻을 수 있는 1시간

운동을 시작했다. 운동을 하는 동안에는 오롯이 나의 몸에만 집중하느라 정신이 없었다. 처음에는 내가 나를 못 지켜내고 실패하고 어려워했더니, 나의 사람들이 나를 지켜주기 시작했다. 나의 팀원들이 등을 떠밀며 그 시간을 지켜주었고, 나의 선생님이 내 옆에서 나의 1시간을 지켜주었다.

그렇게 나는 10시간을 열심히 살았으면 내가 누릴 수 있는 1시간에 대해 너그러워지기 시작했다. 하나씩 나 스스로에게 허용하고 너그러워지는 시간들을 늘려갔다. 이 시간들 또한 나의 사람들이 인정하고 이해해주는 시간임을 배워갔다. 그렇게 나는 나를 지키는 시간이, 내가 나의 아이를 위해 지켜내는 시간, 내가 나의 팀을 위해 지켜내는 시간, 내가 나의 사람들을 위해 지켜내는 시간과 함께 공존할 수 있다는 마음과 방법들을 터득해갔다.

많은 사람들이 어떻게 그렇게 다양한 역할들을 다 해내냐고 묻는다. 나는 시간을 지켜내기 위한 연습을 계속했다. 누군가를 위해 시간을 지켜내듯이, 나를 위해 시간을 지켜내는 것이다.

그 시간들을 연습하자. 더 오랫동안 나와 나의 사람들을 건강하게 지켜낼 수 있도록 말이다.

33

지금
그대로
충분해

(#성장) (#목적) (#회고)

얼마 전, 한 코워킹스페이스(co-working space)에서 원격 근무를 하던 날이었다. 그곳에는 흥미로운 프로그램이 하나 있었는데, 오후 5시가 되면 그곳에서 일을 하고 있던 사람들이 모두 모여 그날의 일들을 돌아보고 함께 이야기를 나누는 시간을 갖는다. 코워킹스페이스인 만큼 각각 모두 다른 조직, 다른 일을 하는 사람들이다. 오직 시간과 장소를 공유하고 있다는 공통점 하나만으로 모여 각자의 일에 대해 회고를 주고받을 수 있다는 점에서, 오히려 서로를 조건 없이 응원할 수 있는 열린 마음을 갖게 된다.

그래서인지 사람들은 그 시간을 무척 낯설어하면서도 좋아했다. 오늘 나의 일은 어떠했는지, 일하는 동안 나의 마음은 어떠했는지를 들려주며, 눈물을 흘리기도 하고 서로를 응원하기도 했다.

생각보다 우리에겐 자기 자신을 바라볼 기회가 많이 없다. 다른 사람을 판단하고, 그 사람의 잘한 점, 부족한 점을 이야기하기는 쉬워도 하루 종일 어느 한 순간 내 안을 들여다보고, 나를 지켜 세우는 것들에 대해 생각한 시간이 있었는지 질문해보면 오히려 딱히 떠오르는 순간이 없다는 대답을 종종 듣는다. 그래서 나는 나의 하루를, 일주일을, 한 달을, 일년을, 나의 프로젝트를, 나의 시간들을 종종 회고한다. 오늘도 부족했던 내 발뒤꿈치 버티기의 힘. 좀 더 중심을 잡고 멋지게 서 있었어야 할 순간 휘청였던 나를 다독이는 밤의 작은 스탠드 불빛 밑의 나를 들여다본다.

마음이 급한 출장길에 올랐다. 코앞에 닥친 큰 이벤트를 준비하느라 할 일이 태산인데, 해외 출장이라니. 조급함에 총총대는 마음으로 짧은 출장 일정을 잡았다.

밤 비행기를 타고 아침 일찍 도착한 시드니는 너무 깨끗하고 단정하고 따뜻한 도시였다. 먼지 하나 없는 새파랗고 예쁜 하늘. 깊은 숨을 들이쉬니 공기에서 초록 냄새가 나는 듯하다. 호텔에 짐을 맡기고 가볍게 아침 운동을 하고 샤워를 마치고 나니, 익숙한 나의 하루가 시작된 기분이다. 열두 시간의 비행을 하고 도착한 도시였지만, 늘 있어온 곳처럼 시드니에서의 아침 출근이 낯설지 않게 느껴진다.

회사로 걸어가는 길목에서 작은 커피집들을 만날 때마다 혼자 싱긋 웃었다. 매번 출장길에서 느끼는 그런 우쭐함과 설렘이다. 어린 시절 이루지 못했던 교환학생의 꿈, 배낭여행의 로망, 해외 유학에 대한 막연한 동경 같은 것들이 여전히 마음 한구석에 남아 있어서, 해외 출장길은 내가 그 시절 이루지 못했던 아쉬움에 대한 보상이자 위로같이 느껴진다. 길 모퉁이 카페에서 산 플랫화이트 커피를 한 손에 쥐고, 출장을 떠나기 전까지 총총댔던 마음을 어르며 회사로 향했다.

나에게만 하지 못했던 질문

잔뜩 쌓인 이메일과 할 일 목록을 클리어하느라 쉴 새 없이 바빴던 아침이 지나갔다. 함께 일하고 있지만 매번 온라인 화면을 통해서만 만나던 다른 나라의 동료들을 만났다. 오랜만에 그들을 마주하고 함께 안고 있는 문제가 같다는 유대감을 느꼈다. 다른 누구에게 말해도 공감하기 어려운 작고 사소한 감정을 비로소 이해받는 기분이다.

오후 세션에서는 '목적이 이끄는 삶'에 대하여 외부 연사의 이야기를 들었다. 그 세션을 이끌어준 모더레이터는 그 첫 미소부터 '내가 이해해요, 잘했어요' 그런 토닥임을 전해주는 사람이었다. 그는 삶의 목적에 대한 질문으로 세션을 시작했다.

무엇이 나를 이끌어주는가.

나는 무엇에 열정을 다하는가.

무엇이 나를 즐겁게 하는가.

나는 과연 이 세상에 무엇을 남기고 싶은가.

나의 생이 다할 때 나는 사람들로부터 어떤 사람으로 기억되길 바라는가. 그를 위해 나는 무엇을 하고 싶은가.

무엇이 우리에게 성장을 가져다주는가.

우리가 즐기는 것과 우리가 잘하는 것들이 과연 일상에 조화롭게 놓여 있는가.

지금 우리는 과연 행복한 하루하루를 마주하고 있는가.

그가 마지막으로 이렇게 물었다.

'나는 충분하다'고 생각해보았는가.

문득 코끝이 시큰해졌다. 나에게 필요했던 완벽한 회고의 질문들이었다. 그 회고를 통해 대답을 적어보면서 들었던 뚜렷한 한 가지 생각은 '완벽하지 않음'이었다. 회고 과정에서 나는 완벽하지 않았던 나의 많은 순간들에 불편함을 느끼고 있었다. 하지만 그 모든 순간에 최선을 다하지 않았던 것은 아니었다. 최선을 다한 나의 순간이 완벽하지 않다는 것. 나는 그 완벽하지 않은 시간들을 어떻게 회고해야 하는 것일까? '완벽하지 않아도 괜찮아. 충분했다는 것을 기억해.' 그렇게 생각하며 나를 토닥여본 적이 있었던가. 완벽하지 않았지만, 충분하다고 스스로에게 말해준 적이 있었던가.

조금만 더 하면
충분할까

완벽하지 않았지만 최선을 다했던 많은 순간들이 와르르 떠올랐다.

학창 시절, 나의 단골 등수는 3등이었다. 조금만 더 하면 1, 2등을 할 수 있지 않겠냐는 이야기를 정말 많이 들었다. 첫 회사로 대기업 대신 작은 회사를 선택해 사회생활을 시작한 까닭에 월급도 무척 적고, 할 일은 몇 배로 많았다. 좀 더 큰 회사를 선택하지 그랬냐는 이야기를 많이 들었다. 아이를 낳고는, 아이와 함께하는 절대적인 시간이 부족했고, 회사에서 내 할 일을 욕심껏 할 시간도 부족했다. 매번 충분하지 않았다. 스스로에게 완벽하지 않아서 '조금 더'를 생각했던 많은 순간들이 즐비했다.

그 순간들에 겹쳐, 완벽하지 않았지만 충분했다고 나의 사람들에게 내가 응원을 전하던 순간들이 떠올랐다.

　큰 행사를 앞두면 그렇게 해야 할 일이 쏟아져 나온다. 그 일들을 하느라 잠을 줄여가며, 호흡을 참아가며, 징징거리더라도 끝까지 해내려고 발버둥을 친다. 그러고는 행사 당일이 되면 나는 모든 것을 '일어나는 대로' 내버려둔다. 때론 잘못 인쇄된 쇼핑백이 오기도 하고, 무대 위 모니터가 나가기도 하고, 사람들이 앉을 의자가 부족하기도 하고, 장표에 오타가 있기도 한다. 그래도 그럴 때 나는 나의 스태프들에게 "괜찮아. 충분히 최선을 다했잖아. 오늘 일어날 일은 원래 일어날 일이었어. 충분해!"라고 이야기해준다.

　아이가 학교와 학원에서 시험을 보고 틀린 문제를 가지고 온다. 그때마다 나는 아이에게 "괜찮아. 틀리는 게 중요해. 부족한 게 중요한 거야. 그래야 내가 모르는 게 뭔지 알게 되지. 틀려서 잘한 거야. 이미 충분히 잘했어"라고 이야기해준다.

　이번에는 나의 시선이 나를 향했던 순간들을 생각해본다. 나는 이 모든 순간에 스스로에게 '충분하다'고 이야기해주었던가. 행사의 부족함이 보일 때면 꾹꾹 스스로를 눌러 담으며 '왜 내가 더 챙기지 못했을까. 내가 그때 그걸 하나만 더 확인했더라면, 내가 어제 잠을 한 시간만 덜 잤더라면, 내가 조금 더 예리했더라면 이런 부족함이 발생하지 않았을 텐데'라며 스스로의 불완전함에 대해서 곱씹고 곱씹었다. 아이가 틀린 문제를 들고 올 때면, '내가 아이와 보낸 시간이 조금 더 많았더라면, 시험 보기 전에 내가 아이의 공부를 좀 더 도와줬더라면 이런 부족함이 발생하지 않았을 텐데'라며 스스로의 부족함에 대해서 아파했다.

나는 나에게 좀 더 이야기를 해줬어야 했다.

"나는 충분해. 충분히 잘하고 있어.

충분히 멋지고 아름다워.

충분히 노력했어. 지금 그대로 충분해."

나에게도 충분하다고 응원하자. 충분한 용기가 차오를 때까지 충분히.

34

회사에서
만난 사람들

#관계

       평생을 함께할 사람들. 나는 사람에 대한 욕심이 많다. 이 사람과 평생을 함께하고 싶다는 생각이 들 때면 항상 구애한다. 그런 사람들에게 애정을 다하고, 마음을 다하니 내 곁에는 좋은 사람들이 항상 많다.

  "어떻게 그런 사람들을 만나게 되셨어요?"

  그런 사람들에 대해서 신나게 이야기를 하다 보면 꼭 이 질문을 받는다.

  "회사에서 만났죠. 함께 일하다 만났어요."

  "일로 만난 사람들과 그런 관계가 될 수 있나요?"

  물론이다. 이제는 더 이상 나와 같은 회사를 다니지 않는 나의 팀원들과 나는 여전히 그들의 삶과 일에 대한 이야기와 삶의 많은 순간들을 고스란히 공유하며 함께 살아가고 있다. 그들과 우리의 어제와 오늘을 이야기하고, 내일에 대한 고민과 기대도 함께 나눈다.

나의 팀원이었던 한 친구가 자신의 팀원들에게 나의 이야기를 무척 많이 했다며, 자기 팀원들을 데리고 와서 나에게 인사를 시켜준 적이 있다. 그녀는 나에 대해 '나의 어느 순간에도 찾아가도 좋을 사람'이라고 설명한다고 했다. '내가 멋질 때' 찾아가면 본인만큼 함께 기뻐하며 칭찬해줄 것이고, '내가 엉망진창일 때' 찾아가면 언제든 괜찮다며 힘을 꽉 준 손을 내밀어줄 것이고, '내가 누더기를 걸치고 냄새 나는 사람이 되었을 때'에도 기꺼이 찾아가 안길 수 있다고 믿는 사람이라고 했다. 그래서 그녀는 자신의 팀원들에게 회사 생활을 하면서 그런 사람이 한 명 정도 생긴다면 긴 시간 일을 하면서, 오랫동안 함께 버틸 수 있는 힘을 얻게 될 것이라고 이야기한다고 했다.

나는 그녀의 말을 들으며, 내가 그녀에게 그리고 나의 팀원들에게 어떤 마음을 심어주고 있는지에 대해서 생각하게 되었다.

나는 지금까지 세 번의 결혼식 축사를 했다. 두 번은 팀원의 결혼식 축사였고, 한 번은 회사 동료의 결혼식 축사였다.

모두 회사에서 만난 사람들이다. 회사에서 만난 우리지만, 우리는 삶을 함께한다. 팀원들의 친구들이 회사 팀장님이 결혼식 축사를 한다고 무척 의아해했다고 했다. 여전히 나는 팀원의 임신 소식도, 그들의 출산 순간도, 그리고 아이들의 매일매일을 함께 좋아하며, 나의 사람들의 어느 좋은 날과 어느 고단한 날들 모두를 응원하며 살아간다.

회사에서 만난 사람들. 그 사람들 또한 우리 삶에서 무척 큰 비중을 차지하는 사람들이다. 그러니 때론 그들 때문에 삶 전체가 흔들리고 힘들기도 한 것 아닐까. 회사에서 만난 사람들은 결국 내 삶의 우주에서 만난 사람들인 것이다. 그 우주 속에서 만난 누군가, 내 삶의 긴 시간을 무척 깊게 나누고 싶은 사람을 만난다는 것은 무척 행운인 일일 테다.

그러니 주변을 잘 살펴보자. 나의 삶에 무척 중요한 사람이 바로 내 곁에 있을 수 있다.

35

포기하는 것에
대하여

포기란, 무엇을 하다 중도에 그만둔다는 뜻.

아이가 열 살쯤이던 무렵이었다. 아이의 왼쪽 눈 시력이 떨어져 드림렌즈를 착용하기 시작한 지 약 6주 정도가 되었을 때다. 아직 열 살인 아이가 하드렌즈를 끼고 빼고 하기는 어려울 거라고 걱정했으나, 처음 병원에서 시도할 때도 곧잘 하고, 테스트하는 일주일 동안에도 끼워주는 렌즈를 잘 착용하고 있기에 안심을 했다.

그런데 아이는 시간이 지날수록 더 공포감이 드는지, 렌즈를 끼려고 하면 몸을 뒤틀고, 눈을 쉼 없이 깜빡이고, 몸을 뒤로 빼고 하면서 5초도 안 걸리던 렌즈 삽입 시간이 30분씩 걸리기 일쑤였다. 렌즈를 끼기 위해 노력하는 우리 둘에게 너무나도 고통스러운 시간이었다. 가장 편안해야 할 잠들기 전 시간과 가장 행복하게 맞이하고픈 아침의 첫 시간을 렌즈 하나 때문에 이렇게 괴롭고 힘들게 보내야 하는 것인가 하고 끊임없이 고민했다.

"이거 관두자, 그만하자. 포기하자."

결국 내 입에서 먼저 포기하자는 소리가 나오고 말았다. 아이는 눈물이 그렁그렁한 얼굴로 나를 올려다보며, "포기하고 싶지 않아!" 하고 울부짖었다. 포기하면 안 되는가? 그 포기는 오히려 열 살 아이가 나보다 백 배 더 하고 싶지 않겠는가. 왜 그녀는 포기하고 싶지 않다고 했을까? 이렇게 힘들어하면서, 왜 포기하자는 내 말을 기쁘게 여기지 않았을까? 아마도 그녀는 그 포기가 엄마를 슬프게 하거나 실망시키는 것이라고 생각한 게 아니었을까. 그녀가 포기하고 싶지 않았던 것은 렌즈가 아니라 나의 마음이었을 것이다.

포기는
나쁜 것인가?

아이의 마음을 마주하고 나는 오만가지 생각이 들었다. 내가 지금 이 순간을 쉽게 지나가기 위해 마땅히 노력해야 하는 시간을 피하는 것인가? 내가 한 노력은 충분했는가? 대부분 무언가를 포기하려고 하면, '얼마나 노력했어? 최선을 다했어? 포기해도 후회하지 않겠어?'라는 질문들을 하겠지 싶었다.

그 순간 나는, 이 작은 렌즈 하나를 눈 안에 넣기 위해 우리 둘은 충분한 시간 최선을 다했다고 자신 있게 말할 수 있었다. 아이에게 좀처럼 화를 내본 적도 없는 나로서는, 무의식적으로 끓어오르는 짜증도 참아야 했고, 내 마음대로 되지 않는 아이의 몸의 반응, 정신적 괴로움을 이해하기 위해 수도 없이 아랫입술을 지그시 깨물어야 했고, 그 사이로 흘러나오는 한숨을 들으며 아이는 엄마를 실망시키지 않기 위해 눈물을 꾹 참고 그 시간을 버티고 버텨왔다.

렌즈를 넣고 나면 아이는 눌러 담았던 눈물을 꿀꺽 삼키며 부러 밝은 목소리를 지어내며 말했다.

"이렇게 쉬운데! 매번 눈을 크게 뜨고 있으려고 마음먹고 있는데 잘 안 돼. 그치만 내일은 왠지 잘될 것 같아."

아이가 오히려 나를 위로했다. 스스로 이겨내야 하는 두려움뿐 아니라 '오늘은 엄마가 한숨을 쉬지 않았지?' 하며 나의 마음까지 헤아려야 하는 아이의 사투가 매일매일 이어져온 것이다.

포기하는 것과 버티어내는 것 사이의 갈등에서, 나는 부모로서 '한 번의 포기'가 이후에도 '여러 번의 포기'로 이어질까 봐 걱정이 되었다. 그래서 그 '한 번의 포기'를 최대한 미뤄보고 싶어서, 오늘까지만 오늘까지만 하면서 6주간의 지난한 밤과 아침을 맞이했다.

　내 생에서도 '포기하는 것'에 대한 두려움을 항상 지니고 살았던 것을 문득 떠올렸다. 포기하면 안 된다고 스스로에게 무던히 되뇌며, 버티고 이겨내려고 노력해왔던 삶이었다. 마흔이 훌쩍 넘어서야 '포기하는 것'과 '버티어내는 것' 사이에서, '내 줏대가 반영된 조율'을 해나가야 한다는 것을 깨달았다. 하물며 열 살 아이에게는 '포기하는 것'보다는 '버티어 이겨냄'을 경험하게 해야 하는 것이 아닌가 하는 생각이 나의 마음을 붙잡았다.

포기하는 것,
그리고 그 이후

　　'포기란 나쁜 것이고, 절대로 하면 안 되는 것이다'라는 공식 따위를 아이의 마음속에 심어주고 싶지 않았다. '포기란 최선과 합리적 판단을 전제로 한 대가'라는 것을 알려주고 싶다. 우리는 그간 최선의 노력을 해보았고, 이것을 지속할 경우에 우리가 얻을 대가와 이를 내려놓았을 때 얻을 대가를 비교해보고, 어느 것을 취하는 것이 우리의 삶에 궁극적으로 더 나은 결과를 기대할 수 있을지에 대한 합리적 판단을 하고, 이를 내려놓았을 때 우리가 치러야 하는 대가를 기꺼이 받아들일 준비를 하는 것. 그것이 내가 나의 그녀에게 알려주고 싶은 '포기해 마땅한 상황'이다.

포기하는 것은 그 순간으로 '끝'이 아니라 '그 이후'가 존재한다는 것. 그것이 우리가 살면서 경험하게 될 살아가는 방식 중 하나가 되리라는 것을 전해줘야 할 때였다.

36

우리는
모두
궁극의 리더

#리더

"꼭 리더가 되어야 해요?"

나의 그녀는 학기 초만 되면 할머니와 신경전을 한다. 할머니는 은연중에 반장이 되었으면 하는 기대와 바람을 표현한다.

어느 날 아이는 우리에게 왜 모두가 리더가 되어야 하냐고 반문했다. 나의 후배들 중에서도 본인은 팀장이 되고 싶지 않다고, 그 어려운 것을 꼭 해야 하냐며 손사래를 치는 사람들이 꽤 된다. 정말 우리는 모두 리더가 되어야 하는 걸까?

리더십 강연을 해달라는 요청을 받고 발표 자료를 만들면서, 나의 그녀와 후배들의 이 질문이 머릿속을 맴돌았다.

누구나 결국에는 리더가 된다.

아마 나의 그녀와 후배들이 이 말을 들으면 싫다고 펄쩍 뛸
지도 모르겠다. 하지만 나는 리더의 역할들을 쭉 나열하고, 어
떤 사람들을 리더라 부르는지 정리하다가 문득 이 세상 어느
누구도 리더이지 않은 사람이 없겠다는 생각을 하게 되었다.

우리는 모두
자라서 리더가 된다

아이는 자라 선배가 된다. 1학년이었던 아이가 2학
년이 되고, 3학년이 된다. 그렇게 본인의 시간을 따라오는 후
배들을 그녀가 의도하지 않아도 갖게 된다.

나의 후배들은 경력이 쌓이고 신입들을 맞이한다. 그렇게
나를 바라보고, 나의 과정에서 배움을 얻고자 잔뜩 긴장한 채
나의 뒤에 서 있는 누군가를 만나게 된다.

누군가는 결혼을 하고, 아이를 낳는다. 그렇게 엄마와 아빠
가 된다. 내 삶이 곧 아이의 내일이 될 수 있다는 사실에 아이
가 태어나고 나면 먹는 것 하나, 말 한 마디 공들여 하고 올바
르게 하려고 노력한다. 종종 우리는 "애 앞에서 무슨 말을 못
하겠네!" 같은 탄식을 하곤 한다.

우리는 결국 자연스레 누군가의 앞에 서게 된다. 무척 붐비는 가게 앞에서 맨 앞 사람이, 그다음 사람이 잘못된 방향으로 줄을 서게 되면 모두가 하나같이 잘못된 줄을 서게 된다. 화장실 앞에서 맨 앞의 사람들이 한 줄 서기를 시작하면 그 뒤로 모든 사람들이 한 줄 서기로 줄을 선다. 우리 삶의 많은 순간, 우리는 뜻하지 않게 앞에 선 사람이 되곤 한다.

누군가의 앞에 선 사람이거나, 누군가의 시간 앞에 선 사람. 우리는 그렇게 리더의 자리에 서게 된다. 그러니 우리 모두는 리더의 마음과 자질을 배우고 익혀야 하지 않을까?

그만두거나 포기할 수 없는
리더의 자리

"여자가 집에서 아이나 잘 키우고 살림이나 할 일이지."

그런 어처구니 없는 말을 듣고는 너무나도 화가 났던 날이었다. 늦은 밤 씩씩거리며 집에 돌아와 잠든 아이를 바라보다가 울컥하는 마음을 주체할 수 없었다. 혹여라도 나의 아이가 사회에 나갔을 때 그런 소리를 듣게 되면 어쩌나 하는 생각에 소용돌이치는 마음이 가라앉지 않아 잠을 잘 수가 없었다. 분노와 두려움, 노여움과 불안함 사이에서 나는 오랫동안 헤맸다.

그리고 그날 밤, 나는 그녀가 걸어갈 길들을 한발 앞서 걸어가는 사람이라는 것을 잊지 말자고 다짐했다. 내가 주저하고 멈춘 어느 순간이, 그녀가 주저하고 멈출 수 있는 자리가 되지 않도록. 나는 그녀의 삶의 길을 이끄는, 그녀 앞에 선 리더로서 당당히 나아가는 삶을 사는 여성이 되리라 마음먹었다.

그것이 나의 궁극의 리더 자리, 내 삶에서 결코 포기할 수 없는 리더의 자리였다.

나는 그녀가 걸어갈 길들을

한발 앞서 걸어가는 사람이라는 것을

잊지 말자.

37

하루의 첫 사람들, 하루의 마지막 사람들

(#태도)

매일 아침, 출근을 하면서 커피 하나를 테이크아웃한다. 매일의 시작, 내 하루의 첫 사람들이다. 주차장에서 올라와 그 커피 가게로 향할 때면 이미 나를 향해 기분 좋은 인사를 건넬 그 사람들을 떠올린다. 문을 열고 들어서자마자 좋은 커피 향과 함께 반갑게 맞이해주는 그곳의 사람들. 오늘도 플랫화이트를 정성스럽게 건네주며 힘찬 하루의 응원을 더해준다. 회사로 향하는 엘리베이터에서 플랫화이트 한 모금을 마시며 매일 같은 탄성을 내뱉는다.

"너무 좋다!"

나에게 매일의 시작을 선물해주는 사람들, 매일 아침 감탄과 미소와 응원으로 시작하게 해주는 그들에게 언제나 고마운 마음을 가지고 있다.

　요즘은 매일 밤 잠들기 전에 응원의 밤 시간을 보낸다. '#매일의영감수집 리추얼'을 운영하면서 어떻게 하면 이 사람들이 이 리추얼의 시간을 잘 지켜낼 수 있을까를 고민하다가 내놓은 아이디어 중 하나였다.

　응원의 밤은 매일 밤 커뮤니티 멤버라면 누구나 참여할 수 있으며, 그저 우리들의 책상의 시간을 서로가 지켜주는 응원의 시간이다. 아무 말도 하지 않아도 좋고, 각자의 책상에서 리추얼을 하기도, 책을 읽기도, 일기를 쓰기도, 못다 한 일을 하기도 한다.

　가장 먼저 온라인 방에 입장한 사람이 그날의 디제이가 되어 음악을 틀어준다. 그리고 그 밤의 시간이 끝날 무렵, 우리는 서로에게 인사를 건네고 하루의 안부를 묻고 잘 자라는 다정한 인사를 건넨다. 때론 긴 시간 수다로 이어지기도 하고, 어느 날은 눈물 흘리며 서로를 위로하기도 한다.

　하루의 이 마지막 시간 덕분에 누군가의 하루는 좋은 하루가 되었다.

　"오늘 하루가 어떠했건 간에, 이 시간 덕분에 결국 나의 하루를 좋은 하루로 마무리할 수 있었어요."

　하루의 마지막을 지켜주는 사람들. 서로를 응원하는 마음들이 모여, 서로의 하루를 지켜주는 기분으로 하루를 마무리

할 수 있다니 얼마나 아름다운 일인가.

　우리는 이렇게 하루의 시작과 마무리를 무척 행복하게 만들 수 있다. 이렇게 매일을 잘 살아가는 마음, 그 마음들을 지켜내고 싶다. 매일매일 행복하게 하루를 시작하고, 매일매일 따뜻하고 다정하게 하루를 마무리한다. 그렇게 내일을 기다리는 힘을 쌓아간다.

38

어제의
아픔이 준
오늘의 배움

#태도

"앗, 내 허리!"

2년 전이랑 똑같은 상황이었다. 바닥에 주저앉아 택배 박스를 정리하고 일어서다가 "억!" 하고 쓰러졌던 그때와 똑같이, 이번에도 바닥에 주저앉아 사진을 찍고 일어서다 뒹굴고 말았다. 그렇게 2년 만에 다시 같은 병원을, 같은 통증으로 찾았다. 그때의 고통이 어떠했고, 그 시간이 내게 얼마나 괴로웠는지 잘 알고 있기에, 통증이 발생하자 주저 없이 바로 그 병원을 찾았다.

병원을 찾아가면서 2년 전에는 열흘 동안 엄청 헤매고 그 기간 내내 아파서 괴로웠었는데, 이번에는 단박에 치료법을 확신하고 달려가는 스스로를 칭찬했다. 과거의 어떤 아픔과 괴로움은 내게 배움도 주었던 거였다. 그때보다는 덜 괴롭게, 더 빠르게 치유될 수 있겠구나 하는 기대가 되었다.

병원을 향하면서도 가족들에게 너스레를 떨었다. 그래도 그때 아파봤다고 "이제 어떻게 하면 금방 나을지 알고 있으니 얼마나 다행이야!"라며 당장의 아픔보다는 그 과정을 잘 이겨낼 나를 기대했다. 살면서 겪는 다양한 시간들이 그래서 각각 그 역할을 하는구나 싶었다.

"정확히 2년 만이네요. 2년 만이면 무척 훌륭한걸!"

"연말에 허리에 무리가 갈 일을 좀 많이 했어요."

"허리 지키려고 사는 게 아닌데 뭘! 내가 잘 살고, 할 일 하는데 허리가 도와줘야 할 일이지. 많이 쓰면 아플 수도 있고, 그럼 잘 치료해서 잘 써먹으면 될 일이야."

선생님의 호탕한 현답에 나는 나의 아픔을 바라보는 다른 용기를 가졌다. 허리를 다쳤다고 나를 탓하는 것이 아니라, 그 시간들을 잘 헤쳐나갈 나를 지지해줘야 한다는 것을 깨달았다. 선생님의 큰 소리에 나는 한참 웃었다. 주사 맞으며 아픈 것도 기쁠 만큼.

잘 살려고, 내 할 일 하려다 때론 아플 수도 있고, 그러면 또 잘 치료하고 잘 나으면 될 일이다.

39 죽을힘을 다해서 완성

#성장 #태도

지금의 집으로 이사하면서 벽 하나를 가득 채울 커다란 그림을 하나 갖고 싶었다. 그렇게 해서 선택한 작품이 김환기 선생님의 작품이었다. 그렇게 수년간 매일 많은 순간 그 작품을 대하며 살았다. 그러다 드디어 선생님의 원작을 볼 수 있는 기회가 생겼다.

이번 전시는 그의 일기와 일기 속에 등장하는 작품들이 이어서 전시되는 형태로 구성되어 있었다. 전시를 보는 내내 그의 대작보다도 짧막하게 적혀 있는 매일의 기록들이 무척 마음에 와닿았다. 그의 일기 속 시간들 안에는 매일의 고통과 좌절, 불안, 걱정과 어려움, 그러나 포기하지 않고 다시 꿈을

꾸고 붓을 들고 멈추지 않았던 그의 모든 노력이 가득했다. 그럼에도 불구하고 멈추지 않은 것.

죽을힘을 다해서 완성.

어떤 힘을 다해 작품을 그렸으면 이렇게 단호한 한 줄, '죽을힘을 다해서 완성'이라고 자신 있게 적어놓을 수 있을까. 그 모든 순간들이 결국 그 작품을 이루었으리라는 생각에 작품에서 시선을 쉬이 떼지 못했다.

때때로 질문을 받는다.
"어떻게 하면 그 자리에 갈 수 있나요?"
그런 질문을 마주하는 날이면 어김없이 나의 날들을 돌아본다. 나의 20대, 매일 좌절과 불안, 걱정과 눈물이 가득했던 그 시절. 그럼에도 불구하고 멈추지 않았고, 계속 나아가기를 반복했던 시간들이 보였다.
지금 또한 그러하다. 때론 죽을힘을 다해, 내 모든 마음을 다해, 오늘의 실패에도 불구하고 내일 또 시도하며 그렇게 계속한다. 성장이란, 그 과정들을 연속적으로 이어가는 마음을 뜻하는 것이 아닐까.

때때로 생기는 불안과 걱정과 고난들 앞에서도 '아, 어려웠다. 하지만 내일도 또 시작해봐야지!’ 하는 그 마음으로 매일을 리셋했던 김환기 선생님의 일기 속 날들처럼, 나 또한 매일 해가 뜨고 지는 하루, 매일의 리셋의 기회를 가진 것에 감사하며 종종 고개드는 포기하는 마음을 기꺼이 거두어본다.

그렇게 나의 불안의 시간들 또한 기꺼이 응원하며, 내일 찾아올 리셋의 시간을 기대한다.

때론 죽을힘을 다해,

내 모든 마음을 다해,

오늘의 실패에도 불구하고

내일 또 시도하며 그렇게 계속한다.

PART 5

계속

나아가야 하는
이유

40

부모의 자리, 리더의 자리

(#워킹맘) (#시간관리)

"아빠와 팀장, 둘 다 잘 해낼 수 있을까요?"

내가 아끼는 친구가 얼마 전 아이 아빠가 되었다. 나의 인턴으로 만났던 시절, 갓 스물몇 살이던 그 친구가 어느새 서른이 훌쩍 넘어 이제는 한 아이의 아빠가 되었다니 무척 감동스러웠다. 매일 아이의 사진을 공유하며 그 기쁨을 나누던 중, 그 친구의 진지한 질문이 나의 마음을 흔들었다.

어린 시절 내게 주어진 역할은 그저 공부 열심히 하고, 건강하게 자라는 것뿐이었다. 그것 하나만 잘하면 된다고 부모님은 항상 이야기하셨다. 20대가 되어서는 나로 사는 것에 더해, 일터에서의 나라는 자아가 하나 더 생겼다. 그 역할도 잘 해내야 했다. 30대가 되어 팀장의 역할이 늘어났고, 결혼을 했더니 배우자의 역할과 엄마의 역할, 그리고 부모님을 부양해야 하는 가장의 역할이 늘었다. 40이 훌쩍 넘은 지금의 나는 얼마나 더 많은 역할을 하고 있는가?

우리는 어떻게 점점 더 많은 무거운 역할들을 해내는 삶을 살아가는 걸까? 어른의 성장이라는 것이 아이의 성장과 다른 점을 생각해본다면, 바로 이런 역할들의 확장이 아닐까 하는 생각이 들었다. 그렇다면 우리에게 주어진 시간은 24시간으로 어린 시절이나 지금이나 동일한데, 배로 늘어난 역할은 어떻게 해야 하는 것일까? 무엇 하나 소홀히 할 수 없는 것들인데 어떻게 해야 그 모든 것들을 제대로 해낼 수 있을까?

그 처음이, 내가 만나게 되는 막막한 벽들을 대하는 마음을 바꾸는 것이다. 벽에 가로막혀 막막하던 마음을, 그 벽을 넘어서면 만나게 될 성장의 기쁨을 기대하는 마음으로 바꾸기로 했다. 도대체 어떻게 벽을 만나도 즐거울 수 있을까?

나는 출장을 무척 좋아한다. 출장 갈 일이 있으면 언제나 내가 자원하여 기꺼이 도맡았다. 그런 내가 임신을 하고 나니, 출장길에 문득 주저함이 생겼다. '아이가 태어나고 나면 출장 갈 수 있겠지' 하고 막연히 생각했지만, 막상 아기를 낳아보니 모유 수유 중인 내가 출장을 간다는 것이 어떤 의미인지를 알게 되었다. 결국 회사로 복귀하고도 나는 하루에도 몇 번을 유축을 위해 비우게 되는 시간을 채우기 위해 아이가 자고 나면 밤마다 일을 했다. 그렇게 해도 내가 원하는 만큼, 내가 이루고 싶은 만큼 하지 못한 일들이 부지기수였다.

그 시간 내내 나는 막막하기만 했다. 도대체 어떻게 해야 이것들을 다 해낼 수 있단 말인가? 그 벽에 부딪혀서야 이것이 내가 넘어서야 할 벽이라는 것을 알게 되었다. 망연자실했던 밤도 있고, 기세 좋게 그 벽을 가뿐히 넘어서겠다고 호언장담하던 낮도 있었다.

그 벽을 어떻게 넘어야 하는지, 무엇이 근본적인 문제인지, 내가 가진 것은 무엇인지를 면밀히 생각했다. 내가 가진 것이라고는 남들과 똑같은 24시간의 시간뿐이었고, 그 시간 내에 내가 해내야 하는 일이 많다는 것이 당장의 문제였다. 그렇다면 24시간이라는 시간 동안 그 많은 역할들을 어떻게 해야 효율적으로 잘 해낼 수 있는 것인가가 내 고민의 근원이었다.

나의 시간의 운영자는
나

그 첫 번째가 나의 시간을 선명하게 운영하는 것이었다. 흔들리지 않는 시간들을 확보하고 싶었다. 그래서 내

시간의 블록들이 흔들리지 않도록 단단한 짜임을 만들기로 했다. 일 년 단위에서 나의 프로젝트들은 대부분 유사한 시기에 이루어진다. 그렇다면 일 년 중 무척 바쁘고 집중해야 하는 시기는 예상 가능했다. 그렇게 일 년의 일의 리듬을 정비했다.

그러고는 일주일 중 매주 수요일에는 재택근무를 하기로 했다. 매일 하루 중 그 어느 역할로도 100퍼센트 집중하지 못하고 있던 나에게, 두 역할을 함께하여 100퍼센트를 채워 몰입해도 좋다는 허용의 시간을 주기 위해 나는 수요일 하루, 두 역할을 동시에 해내는 날을 정했다. 그리고 나머지 월화목금의 일하는 시간에 가졌던 보이지 않는 죄책감으로부터 벗어나고자 했다.

또한 하루의 리듬도 더욱 견고히 했다. 오전 9시부터 오후 6시까지는 회사에서, 퇴근 후 10시까지는 완벽하게 아이와 함께, 이후 밤 11시부터 새벽 2시까지는 내가 원하는 형태의 집중의 시간을 보내기로 했다.

그러고는 두 번째로, 나의 시간을 함께 운영하는 사람들에게 예측 가능하도록 했다. 나의 시간은 결코 나 혼자의 시간이 아니었다. 나의 시간은 곧 나의 아이의 시간이기도 했고, 나의 엄마의 시간이기도 했으며, 나와 함께 일하는 사람들의 시간이기도 했다. 그리하여 나는 나의 시간들이 그들의 시간

속에서 공존할 수 있는 방법을 찾기로 했다. 그것이 바로 그들에게 나의 시간이 예측 가능하도록, 그 예측에서 벗어나지 않도록 하는 것이었다.

나는 팀원들과 나의 시간 리듬을 공유했다. 그리고 나의 캘린더를 공유했다. 또한 나의 가족들에게도 나의 시간 리듬을 알려두었다. 일 년 단위, 한 달 단위, 일주일 단위로 자세한 내용들을 공유했다. 그들이 내가 어디에서 무엇을 하는지 항상 짐작할 수 있도록 했다.

나는 또한 아이에게도 엄마의 시간을 공유했다. 엄마가 언제 회사에 가는지, 어떤 요일에는 재택근무를 하는지, 엄마와 마음껏 놀 수 있는 날이 언제인지 확실히 알 수 있도록 했다. 아이는 나의 시간을 통해 요일을 배웠다.

큰 프로젝트를 하게 되면 프로젝트 시작 2주간은 무척 집중하여 프로젝트에 몰두할 수 있음을 나의 가족, 나의 팀원들 모두가 합의했다. 그렇게 그 2주의 시간을 보내고 프로젝트가 끝나면 나는 여지없이 아이와 함께 긴 여행을 떠나 완벽한 휴식과 완벽한 엄마의 시간을 가졌다.

나는 이제 그 많은 역할을 해내는 내가 자연스럽다. 내 하루의 시간들이 다른 누구의 시간보다 몇 배속일 수 있는 이유가 바로 이런 시간 사용 연습 때문이었다. 각각의 역할을 모두 다 진짜로 누릴 수 있도록, 일하는 시간의 즐거움, 일 자체를 통해 얻는 그 즐거움을 누리는 시간이 다른 역할에 대한 부채감과 죄책감으로 희석되지 않도록, 각자의 역할의 시간에 당당해지자.

아빠의 시간, 엄마의 시간을 숨기지 말자. 일하는 엄마, 일하는 아빠의 시간을 미안해하지 말자. 그저 그 모든 시간이 나와 삶을 함께하는 사람들에게도 마땅할 수 있도록 우리의 시간을 함께 디자인하고 그 시간을 지켜내는 것이다.

그 어느 역할도 포기하지 않고, 그 모든 역할을 사랑하며 살아가기를 응원하며.

41

내가
멈추지 않는
이유

#여성리더십

Dare to lead, Brave work.

기꺼이 리더로서 나아가는 것,

용감하게 일터에서 존재하는 것.

나는 딸 셋 중 첫째 딸이다. 엄마와 세 딸을 포함한 여자 넷과 아빠, 남자 하나로 구성된 우리 집에서는 모든 것이 지극히 공평했다. 키가 크고 힘이 좀 더 센 내가 항상 시장에서 무거운 짐을 엄마와 나눠 들었다. 집에 배달된 쌀은 내가 질질 끌고 쌀통으로 옮겼다. 그렇게 우리는 공평하게 각자가 가진 능력에 맞는 역할을 나누었다.

대학 시절, 친구들과 술을 마시다가 동기 하나가 이런 말을 던졌다.

"빨리 집에 들어가! 여자가 이렇게 늦게까지 술을 마시고 있어!"

그날 밤 친구와 술잔을 쌓아가며 밤새 싸웠다. 그 싸움은 몇 년간 매번 그렇게 술자리에서 반복되었다.

아이를 낳고도 회사를 계속 다닐 거냐는 질문을 받았다.

백 일의 육아 휴직의 날이 하루하루 지나가면서, 아이는 하루하루 성장해갔다. 백 일이라는 시간을 주는 이유를, 백 일이 지나면 아이가 벌떡 일어나 뛰어다녀서 그런 줄 알았다. 백 일 후면 내가 회사를 가는 것이 그냥 당연히 괜찮은 일이 되는 줄 알았다.

아이를 위한 나의 최선이 무엇인가를 끊임없이 고민했다. 모유 수유를 최대한 오래 하는 것이 엄마로서의 최선이라고 생각했다. 유축기와 모유 저장 팩, 아이스박스까지 바리바리 챙겨 평소보다 두 배의 짐을 어깨에 짊어지고 출근을 했다. 그런데 정작 회사에 모유를 유축할 만한 장소가 어디에도 없었다. 회사에 그러한 공간이 없다는 사실을, 많은 동료들이 아이를 낳고 복직하는 모습을 보면서도 그동안 깨닫지 못했다. 나는 선배들에게 왜 진작에 마땅한 요구를 하지 않았느냐고 원망했다.

우리는
서로의 레퍼런스가 된다

어느 여성 리더의 이야기를 마주한 날이다. 그날, 나는 기대했던 이야기를 듣지 못했다.

그녀는 남편 따라 이 나라 저 나라에서 사는 다양한 경험을 했다고 이야기했다. 다 남편 덕이라고 했다. 그러다 다시 남편을 따라 돌아온 한국에서 운이 좋게도 다시 일할 기회를 얻었다고 했다. 다 남편을 잘 둔 덕이라고 했다. 그래서 그 남편의 아침을 하루도 빼먹지 않고 차려준다고 했다. 그래서 그 남편의 셔츠를 매일 다림질한다고 했다. 그렇게 해서 지금의 그 자리에 있는 것이라고 했다. 정말 화가 났다. 얼굴이 벌게졌다. 정말 짜증이 났다. 온몸에 힘을 주고 화를 내느라 몸살이 난 것처럼 아팠다.

그날 나는 그 시간 덕분에 단단한 마음의 결심을 얻었다. 나보다 앞서 살았던 선배들에게 왜 진작에 요구하지 않았느냐고, 소리 내어 말해주지 않았느냐고, 왜 바꾸지 않았느냐고 원망하는 대신에, 내가 기꺼이 목소리를 내어 이야기하고, 기꺼이 불편한 시선과 마음에 맞서겠다고. 그래서 중요한 것, 틀린 것, 다른 것, 바꿔야 할 것을 똑바로 이야기하는 어른이 되자고 마음먹었다.

이제 내가 10여 년 전 마주했던 당황스러웠던 한 여성 리더의 나이가 되어간다. 그래서 더욱 끊임없이 배우고, 매 순간 나의 선택을 바라보고, 후회하면 다시 더 잘해보자고 마음먹고, 작은 애씀 하나에도 스스로를 아낌없이 칭찬한다.

그날 밤 자고 있는 나의 딸을 바라보며 결심했다.

절대로 멈추지 않겠다.
나의 딸이 그날의 나처럼 저런 이야기를 들으며
화가 나는 날을 마주하게 하지 않겠다.

내가 주저했던 모든 순간들 앞에서, 그녀 또한 자신의 선택을 의심하는 밤을 마주하지 않았으면 했다. 일하는 엄마라서, 그녀 곁에서 100퍼센트의 시간을 함께해주지 못해서 미안해하던 마음 대신에, 멋지게 살아가는 여성 리더의 모습으로 가장 멋진 엄마의 몫을 다 해주겠다 마음먹었다. 무엇 때문에 포기했고, 무엇 때문에 멈췄고, 무엇 때문에 희생했고, 무엇 때문에 이렇게 살았다고 생각하는 삶을 살지 않겠다고 마음먹었다.

네 덕분에 포기하지 않았고, 네 덕분에 나는 더 앞으로 나아갈 삶을 꿈꿨으며, 네 덕분에 더 좋은 어른이 되고 싶은 마음을 키웠고, 네 덕분에 매일 성장하는 나를 위해 애쓰는 시간을 갖고 있다고, 너와 함께 그렇게 하루하루 한 뼘씩 크고 있다고 나의 삶을 통해 그녀에게 이야기해주고 싶었다.

엄마이자 일하는 여성으로서, 무너지지 않고 오래도록 멈추지 않고 나아가 성장하는 삶을 통해 나의 그녀의, 그리고 나의 후배들의 레퍼런스가 되어주기로 결심했다. 그렇게 우리 모두가 서로의 레퍼런스가 되어주어야 한다고 믿는다.

지금까지 그렇게 많은 순간 다짐하며 멈추지 않고 걸어가고 있다. 내가 멈추지 않는 이유가 되어준 나의 그녀와 세상의 그녀들을 위해.

42

나의 그녀를
응원하는 일

(#태도) (#부모)

　　무척 오래 기다렸던 아이를 임신하고 나니, 마음속에 가득한 기쁨과 함께 기대, 희망, 욕심 등의 각종 마음들이 더불어 생겼다. 아이가 생기기만 하면 좋겠다고 했던 그 마음은, 어느새 아이가 건강했으면 좋겠고, 아이가 어떤 아이였으면 좋겠고, 그래서 아이가 어떤 사람으로 자랐으면 좋겠고와 같은 각종 기대와 욕심으로 가득해져갔다. 그러다 문득, 너무 많은 것을 바라는 마음이 아이에게 해가 될까 걱정이 되어 딱 하나만 바라자고 마음먹었다.

아이가 건강했으면 좋겠다!

그러고는 그렇다면 나의 욕심도 딱 하나만 갖자고 마음먹었다.

아이가 책을 좋아하는 사람이 되었으면 좋겠다.

마음속에 떠올랐던 각종 기대와 욕심들 중에서 딱 하나를 골랐다. 그 단 하나의 기대와 욕심으로 나는 아이가 태어나고 나서 많은 책들과 함께 시간을 보냈다. 나의 그녀는 그렇게 책을 좋아하는 아이로 성장했다.

부모가 된다는 것은 나의 아이에게 나의 모든 것을 내어주어도 아깝지 않은 위대한 마음을 갖는 것이라 생각한다. 모든 것을 기꺼이 내어주는 마음을 아이를 통해서 배웠다. 나의 그녀가 성장해가면서 이 아이가 어떤 어른이 될까를 무척 많이 상상한다. 어떤 마음을 내어주어야 하고, 어떤 마음들을 보여주어야 할까. 부모로서 나의 아이에게 물려주어야 할 것이 있다면, 경제적 부유함보다 앞서 이런 마음들을 물려주고 싶다고 생각하며 더 나은 어른으로서의 나를 꿈꾼다.

무엇에도 주저하지 않을 단단한 마음

부족함과 결핍으로 스스로의 행복을 폄하하지 않을 힘

스스로 행복을 찾아내고 지켜내는 태도

다양한 마음과 생각에 열린 마음

나의 답에 고착되고 매몰되지 않을 넓은 생각

스스로의 삶을 사랑할 수 있는 힘

나에게, 타인에게 다정한 말을 건네는 친절함

넘어져도 또다시 일어날 수 있는 용기

내게 주어진 것을 사랑하고 좋아해내는 힘

나를, 누군가를 뜨겁게 응원할 수 있는 순수한 마음

본인의 마음과 생각을 흔들리지 않고 드러낼 수 있는 힘

정의로운 마음

세상을 함께 아끼는 마음

공감하고 행동하는 애씀

평생 성장하고 공부하는 자세와 열정

우리의 삶을 살아갈 진짜 힘들을 그녀에게 보여주고 물려주고 싶다. 이런 마음을 담아 그녀의 생일날, 나는 그녀에게 편지를 쓴다.

Happy Birthday, 나의 그녀.

네 덕분에 나는 조금 더 좋은 어른이 되자는 마음을 얻었고, 멈추지 않고 살아가는 마음을 배웠어. 그리고 네 덕분에 나는 살면서 이렇게 작은 순간에도 감사하고 행복해할 수 있는 힘을 얻었어.

서현아, 무엇이든 마음껏 좋아할 수 있는 힘을 얻기를, 누군가에게 조건 없이 주는 마음을 배우기를, 간혹 무릎을 꿇게 되는 날이 있다면 어느 날은 다시 날개 달고 날아오를 날이 있다고 꿈꾸기를, 기꺼이 손을 내미는 용기를 배우기를, 그리하여 우리 함께 더 많은 마음을 애써 내어주는 좋은 사람들이 되자. 너와 함께 매일매일 조금씩 성장하는 우리의 삶이 나에게는 가장 소중하단다.

우리에게 와주어 고맙고, 이렇게 함께 성장할 수 있는 나의 가장 좋은 친구가 되어주어 고마워.

생일 축하해! 나의 그녀, 서현.

43

네 발밑에
내 발등을
대어주는 것

#응원   #좋아하는힘

아이에게 내가 길러주고 싶은 힘이 무엇이냐고 묻는다면 '나를 사랑하는 힘'과 '무엇인가를 힘껏 좋아하는 힘'이라고 답한다. 내 삶의 바닥이었다고 느꼈던 20대의 시간에 포기하지 않고, 무너지지 않고 다시 일어설 수 있었던 것은 내가 나를 무척 사랑해서였다고 생각한다.

나는 나를 안아주고 싶었고, 잘해주고 싶었다. 슬프면 위로해주고 싶었고, 내가 무언가를 잘 해내면 너무나 기뻤다. 그렇게 나를 사랑했기에 내가 그냥 무너지도록, 포기하고 숨어버리도록 내버려두지 않았던 것이 내가 지금의 나로 존재할 수 있었던 힘이라고 믿는다.

그렇기에 나의 아이가 삶을 살면서 언젠가 마주할지도 모를 그 좌절의 순간, 바닥의 순간에 다시 일어설 수 있는 힘을 길러주고 싶었다. 그러기 위해서 무엇보다 먼저 그녀가 스스로를 사랑하는 힘을 기르는 데 최선을 다하길 바랐다.

나를 사랑하는 힘을
기르는 방법

나를 사랑하는 힘을 기르기 위해서는 먼저 무엇인가를 힘껏 좋아하는 힘을 길러야 한다. 좋아하는 마음은 무언가를 좋아하는 데 애를 쓰면 쓸수록 더 커지고, 마음이 더 커지면 무엇이든 더욱 애써 할 수 있는 멋진 순환을 일으킨다.

그래서 나는 아이가 어린 시절부터 무언가를 좋아하게 되면, 그 좋아하는 마음을 몇 배로 더욱 키울 수 있도록 아낌없이 지지하고 함께 좋아해주었다. 아이가 한창 인형 뽑기를 좋아할 때는 함께 전국의 인형 뽑기 가게를 돌아다니며 인형을 뽑았다. 인형이 뽑히면 소리치며 기뻐하고, 인형이 뽑히지 않으면 함께 안타까워하고 다음을 기약하며 기대했다.

그렇게 좋아하는 마음을 스스로에게 보여줄 수 있도록 우리는 우리가 뽑은 인형들을 위한 작은 방을 마련했다. 나의 드레스룸은 그녀의 인형들의 방이 되었다. 우리는 우리의 좋아하는 마음을 눈으로 확인했다. 이제 그 방에는 그녀의 최애들의 사진과 앨범, 응원봉들이 가득하다.

요새 그녀에게는 좋아하는 밴드 그룹이 생겼다. 몇 해 전 크리스마스이브에 우리는 홍대의 작은 공연장에 그들의 공연을 보러 갔다. 스탠딩 공연장에서 밴드 공연이라니! 어느새 이만큼 자라서 나와 같은 취향의 지점까지 그녀가 다가온 것이 그저 감탄스럽고 감격스러울 뿐이었다.

공연이 시작되었다. 앞에 선 사람들의 몸이 흔들리자 그녀는 까치발을 들었다 내렸다 하며 무대를 보기 위해 애를 썼다. 그 뒤에 서서 함께 공연을 보던 나는 슬며시 그녀의 까치발 밑으로 내 발등을 대주었다. 마치 그녀의 좋아하는 마음 밑으로 나의 마음을 덧대어준 기분이었다.

그렇게 온몸과 마음을 다해 공연을 보고 난 우리는 무척 행복했다. 그녀는 그녀의 최애 밴드의 공연을 가까이에서 봐서 행복했고, 나는 그녀의 좋아하는 마음이 한 뼘 자란 하루를 함께해서 행복했다.

또 얼마 전에는 그녀와 함께 뮤지컬을 보러 갔다. 내가 정말 좋아하는 뮤지컬 배우의 공연이었다. 처음 공연을 보고 너무 좋아서 또 한 번 보러 가자고 했더니, 아이도 좋다며 기꺼이 따라 나섰다. 좌석을 살피며 앉으려고 하는데 그녀가 말했다.

"엄마가 더 좋은 자리에 앉아. 엄마가 좋아하는 배우가 나오니까!"

그러면서 중앙 쪽 좌석을 내게 양보했다. 뭉클한 순간이었다. 나의 아이가 어느새 자라, 누군가의 좋아하는 마음을 지지하고 응원하는 법을 배운 것이다.

나의 그녀는 이렇게 무엇인가를 좋아하고, 그것을 애써 지키고, 힘껏 사랑하는 법을 배워가고 있다. 그와 동시에 본인이 아닌 다른 누군가의 그러한 마음을 지지하고 응원하는 법도 배우고 있다. 그를 통해 그녀가 스스로의 삶을 아끼고 자신을 사랑하는 힘을 키워나가길 바란다. 그리하여 그녀가 그 어느 순간에도 삶을 포기하지 않고 나아가기를, 자신의 삶에 아낌없이 좋아하는 마음을 쓸 수 있도록 그녀의 까치발 밑에 나의 발등을 대어준다. 그것이 나의 그녀를 향한 뜨거운 응원이다.

44

Love
Letter
to You

속 깊은 편지를 한 장 쓰려고 해요. 책을 쓰는 내
내 이 이야기들을 읽고 있을 그대들을 생각했어요. 이 시절의
나를 통해 그대들이 이런 생각을 하게 되겠구나, 이런 마음을
얻게 되겠구나, 이런 응원을 하게 되겠구나 하는 생각들이요.

나는 여전히 성장 중인 사람이에요. 그러다 보니 여전히 부
족하고, 못난 구석도 있죠. 어쩌면 지금의 나의 생각들을 몇
년 후 되돌아보면서 부끄러워 얼굴 발개지기도 하겠다 싶어
요. 수십 년을 살았으니 나를 만난 수많은 사람들이 나를 기
억하는 수많은 시간이 존재하겠죠. 그 시간들이 다 지금 같지
만은 않았겠다 싶었어요. 때론 내가 더욱 부족했고, 때론 터
무니없이 용기 없었던 때도 있었으니 그 순간의 나를 기억하

는 사람들에게도 지금의 내가 다시금 그때 못 해준 응원을 보내주고 싶다는 생각을 했어요.

요새 가장 많이 만나는 사람들이 떠올라요. 저를 포함해서 모두 응원이 필요한 사람들이에요. 나는 신영복 선생님의『담론』이라는 책을 읽으며 나도 책을 써야겠다 마음먹었고, 김환기 선생님의『뉴욕 일기』를 읽으면서 나도 일기를 쉬지 않고 써야겠다는 다짐을 했어요. 그러니 여러분에게도 이 작은 책이 그 어떤 다짐과 용기, 마음을 주었으면 좋겠어요.

우리 모두가 완벽하지 않은 많은 순간들을 통해 조금씩 성장해가고 있다고 믿어요. 그 완벽하지 않은 순간들에 이 책이 여러분이 필요로 하는 응원의 말들이 되었으면 해요.

신영복 선생님의『담론』중 최고의 관계에 대한 문장을 수집했어요. 여러 번 필사해서 이제는 내 말인 양 익숙해진 그 문장을 나누면서 여러분에게 보내는 러브레터를 마칩니다. 우리 서로를 응원하며 함께 더 좋은 어른들이 되어보아요.

"서로를 따뜻하게 해주는 관계, 깨닫게 해주고 키워주는 관계가 최고의 관계입니다."

우리 모두의 모든 순간을 응원해요.

From. 응원대장 올리부

응원하는 마음

초판 1쇄 발행 2024년 3월 25일

지은이 서은아

발행인 이봉주 단행본사업본부장 신동해
편집장 조한나 기획편집 김동화
마케팅 최혜진 백미숙 홍보 허지호
표지 디자인 김은정 본문 디자인 studio forb
그래픽 mohs 제작 정석훈

브랜드 웅진지식하우스
주소 경기도 파주시 회동길 20
문의전화 031-956-7355(편집) 031-956-7129(마케팅)

홈페이지 www.wjbooks.co.kr
인스타그램 www.instagram.com/woongjin_readers
페이스북 www.facebook.com/woongjinreaders
블로그 blog.naver.com/wj_booking

발행처 (주)웅진씽크빅
출판신고 1980년 3월 29일 제406-2007-000046호

ⓒ 서은아, 2024
ISBN 978-89-01-28075-2 03190